魂の声に気づいたら、もう人生に迷わない

Alan Cohen
アラン・コーエン

徳間書店

装丁・本文デザイン　轡田昭彦／坪井朋子
編集協力　森川明子
取材協力　㈱ダイナビジョン　代表 穴口恵子
通訳・コーディネート　四本百合香
cover photo : ©Mitsushi Okada/orion/amanaimages

発刊に寄せて

古代中国の言葉にこのようなものがあります。「あなたがどうか興味深い時代に生きられますように」。私たちはまさにその願いが叶った体験をしているようです！

とはいえすべての時代は、それぞれの形でみな興味深いものです。それぞれの時代は、その時代の参加者に成長や精神的向上、目覚めの機会や試練、学びを与えています。

現在私たちは一見大変に見えたり、時には脅威を覚えたり、打ちのめされるかのように感じられる多くの世界的な状況に直面しています。世界的な経済不況は、すべての国のほとんど全員に影響を与えています。私たちは毎日新たな環境危機の話を耳にします。結婚生活や学校、政府、企業や大半の機関は、大きな激変の中で揺さぶられています。

ほぼすべての安定し安全だと思われていたものが、私たちの目の前で変わっていきます。

これほど興味深い時代は他にはないでしょう!!

しかし、それに対してどう反応するかには選択肢が与えられており、そこには私たちの力や解決方法が宿っているはずです。恐れや防御、抵抗や分離主義で反応することもできれば、尊厳や信頼、ヴィジョンや、世界が私たちに示しているよりも深い知恵やパワーにつながった形で問題に向き合うことも可能なのです。

私たちが直面している試練の形は、私たちがどんな精神を持ってその問題に向き合うかに比べたら大したことではありません。困難に陥ることもできれば、そこを支点として立ち上がり、勝利するために活用することも可能なのです。

一九〇〇年代初期に、アフリカでの市場を拡大するために、ある靴会社が、営業マンを現地へと送りこんだ時のこんな話があります。営業マンが到着して数週間経った頃に、本国のオフィスに電報を打ちました。「なんてことだ！　なんてことだ！　ここでは人は靴を履いていない。すぐに本国に戻してくれ！」

年内に今度は他の靴会社が、営業マンを同じ目的でアフリカへと送り込みます。その数週間後に、彼もまた本国へと電報を打ちます。「すごいぞ！　チャンスだ！　ここの人たちはまだ靴を履いていないんだ。すぐに製造数を3倍に増やしてくれ！」

私たちがともに新しい未知の世界に向き合う中で、私たちもどちらの電報を送るかを決めなくてはいけません。目の前の経済及び社会的問題に耐え、それを災難として分類することも可能ですし、それを機会として捉えることも可能です。

もしそれを災難と見なしてしまうと、身動きが取れなくなってしまいます。しかしそれを機会として受け入れると、その問題を乗り越えて成長するための扉を開き、うまくいくようにすることもできるのです。

あなたの求めている答えはあなたの外側にあるのではなく、内側にあるのです。あなたには問題を乗り越え、人生を創造性があるものにし、成功へと導いてくれる情熱や叡智、直感が備わっているのです。苦しみや絶望は捨て去って、あなたの人生という旅を、深い実りや祝福あるものにすることもできます。

あなたの直面している状況は、あなたを押しつぶすためではなく、あなたの中の最善を引き出すためにやってきたのです。あなたらしくいて、あなたの本当の使命を生きる時がやってきました。この本の中の言葉や概念は、この崇高な目的のために書かれました。

徳間書店の豊島裕三子さん、ライターの森川明子さんというすばらしい方たちに感謝します。このプロジェクトを僕にインタビューをするところから開始し、率直なやりとりを、皆さんが読めるようにこのような本にしてくれました。彼らの質問やコメントは、私の知っている限りの最高のアイディアを引き出してくれ、新たな深い思考やヴィジョンの展望へと導いてくれました。

インタビュー時には、多くの場合、これらの文章を読むすべての人を高める目的で、より高次の叡智から情報がもたらされているような気がしました。このプロジェクトは、広大で深い観点から導かれ、読者の人生を変えてしまう可能性を持っていると思います。

ダイナビジョンのスタッフの皆さん、特に徳間書店とのインタビューのアレンジから通訳・翻訳等のサポートまでを行ってくれた穴口恵子さんと四本百合香さんの貢献にも感謝しています。

それから友人である本田健さんがさまざまなプロジェクトをサポートしてくれていることにも感謝します。健さんが日本のスピリチュアルな目覚めの力となり、重要な役割を担っていることに敬意を表します。

そして船井メディアの人見ルミさんの熱心な支えと、徳間書店と私をつなげてくださったことにも感謝します。


さて今度は変化の役割は、読者の皆さんの元へとやってきました。

この本の中では、あなたの人生や世界を変えるために、次のステップを踏み出すために、知るべきことがすべてつまっています。

皆さんにはそれができると、私は心から信じています。

あなたにはその用意ができています。あなたがここにいて、あなたの人生や世界をより豊かで喜びにあふれた体験に高めようとするがゆえに、この世界はより良いものとなるでしょう。このすばらしい冒険にともに参加してくれてありがとう。

アラン・コーエン

二〇一〇年三月吉日

魂の声に気づいたら、もう人生に迷わない

目次

第2章　人生の目的を知る

第4章　自分に許可を与える

序章　魂の歌に耳を傾ける

すべての魂には歌がある

あるアフリカの種族にこんな美しい話があります。

女性が妊娠すると、友人の何人かと森で瞑想《めいそう》します。

そして生まれてくる子供の歌を聞くのです。

その種族では、すべての魂は、特定の周波数を持ち、それが歌となると信じられているのです。

そして月が満ちてその子が生まれたら、村人はその歌を歌って、祝福を与えます。

生まれた子の転機が訪れるたびに、その歌は歌われます。学校に入る時、大人になる儀式、結婚する時、親となる時、そしてこの世から旅立つ時。


すべての魂には歌があるのです。

文字通りの歌ではなく、魂のサインと言ってもいいでしょう。指紋のようなものです。

そこにあなたのユニークなエネルギーが刻印されています。

しかし現実には、多くの人が魂の歌を忘れています。

だから人生でしばしば道に迷ったように感じるのです。

自分の歌を思い出せれば、困難な状況に陥っても、正しい方向に進むことができます。

魂の歌に耳を傾けてください。


自分が最も自然な状態にいる時に、魂の歌は聞こえてきます。

たとえば、美しい自然の中で過ごす時や、瞑想中。文章を書いていたり、絵を描いていたり、楽器を演奏している時、ダンスを踊っている時。

そして愛する人とともに過ごす時間にも、魂の歌は流れます。


魂の歌に導かれて、真の目的に向かって人生を歩むには、どうしたらいいのでしょう。

この本では、忘れかけていた魂の歌を思い出すためのキーワードを紹介しています。

閉ざされていたドアの鍵を開けて、魂の歌が奏でられるのに耳を傾けてください。

第1章

魂の声に導かれて生きる

風が吹いても消えない炎

百年に一度の不況であるとか、天変地異によって地球が滅びるとか、大変な危機の時代が到来したかのように言われます。
でも、危機が深刻であればあるほど、大きなチャンスの時代とも言えるのです。経済的に大変だからこそ、精神に目を向け高めていくというきっかけがもたらされます。

変化はすべて良いものだととらえてください。
すべては必要なことだから起こるのです。
スピリチュアルな理由がそこにはあります。
伝統的価値観を卒業し、自分の内側のシグナルに従って生きるのです。
あなたの生き方の指針は外から与えられるものではありません。

こうしたエキサイティングな変化に参加できることを幸運だと思ってください。

どんな時にも、自分は大丈夫だと思うために、効果的な瞑想法があります。あるヨガ行者に教わった方法です。

ろうそくの炎を思い浮かべます。家のまわりには風が吹いています。どんなに強い風が吹いても、室内のろうそくの炎は消えません。壁と屋根でしっかりと守られているからです。

このようなろうそくを、心の中に持つのです。

ろうそくの炎は、外部の影響によって傷ついたりしない心のシンボルです。

財産、仕事、肉体、パートナーシップ……それらはすべて時間の経過とともに変わっていきます。でも、**魂の中には、決して変わることのない光があるのです。**

自分の内面の、決して消えない炎を意識することは、自己愛にもつながります。これは日本の方々にとって大きなテーマでしょう。

アメリカ人にとっても同様です。日本人の目からすると、アメリカ人は陽気に楽しく生きているようですが、自己愛が欠けている人が多いのです。

外の世界でおかしいことが起きるのは、自己愛の欠如が原因です。内側の空虚さを埋めるために、外の世界に求めすぎているからです。

家や車など物質的なものをいくら求めても満足できず、自暴自棄になる人がたくさんいます。すばらしい恋人を得て有頂天になり結婚し、しばらくすると幻想だったことに気づき離婚するというパターンを何度も繰り返す人もいます。

これらは、その人の内面がブラックホール化していて、何を投げ込んでも空虚なままだからです。

自分の内側に暖かい光を発する炎があるなら、自分が幸せになるために必要なものはすべて手にしていることになります。そのことに気づけば、欲しいものを外の世界に貪欲《どんよく》に求めて、内側にどんどん投げ込む必要はありません。

あなたが望むものは、すべてあなたの内側にあります。

そう確信できないのは、それがまだ種の状態で、芽を出していないからです。季節が巡れば、新芽が伸びて、美しい花を咲かせ、豊かな実りがもたらされます。

それなのに、多くの人々は種を荒野に撒《ま》いたままにして、十分な水も与えません。

多くの偉大な宗教家は同じメッセージを繰り返し伝えています。

「あなたが求める光は、あなた自身だ」と。

あなたは、そのことに気づく準備がすでに整っています。

天変地異を恐れる必要はない

地震や火山の爆発は、現代だけでなく、いつの時代にもありました。

今ほどネットワークが世界中に張り巡らされていない時代は、遠くの国で地震があってもそれほど話題になっていませんでした。

でも今は、ひとたび大災害が起こるとメディアはそのニュースで持ちきりになります。

だから、世界がどんどん破滅に向かっているような気になってしまうのです。


昔と今と、何も変わっていません。

自然は自然のままです。津波に襲われる人は昔も今もいました。

要は意識をどこに置くかです。シャツのシミに目が行ってしまうと、シャツ全体が汚れているように見えてしまうのです。

ヨハネの黙示録やノストラダムス、ホピ族の預言により、地球の滅亡に恐怖を抱いている人がたくさんいます。アメリカでも、カリフォルニアは人間が住める土地ではなくなるから、アリゾナに移住しようという動きがあったほどです。

「自分たちが地球最後の世代になるのではないか」という恐れは、どの世代にも共通のものです。しかし、私たちの世界は今日も続いており、太陽は毎朝昇っています。

今朝、おもしろいことが起こりました。

テレフォンカードを買いました。カードをスクラッチして番号を出し、その番号を使って電話をかけるという仕組みです。

でも、電話をかけてみると「この番号は使えません」という録音されたメッセージが流れます。何回やっても同じです。

私は店に苦情を言おうとしたのですが、ふとカードを見て気づきました。スクラッチしていない部分があったのです。すべての番号を出していないから、桁が違っていて、電話が使えなかったのです。

全世界が天変地異によって滅びてしまうと恐れてしまうのも、そうした認知のゆがみによるものです。津波ばかりを見て、津波が全世界だと思い込んでしまっているのです。神は誰も罰していません。

溺《おぼ》れている人と一緒に溺れてはいけない

夢の中で熊に追いかけられているとします。一頭の熊に追いかけられるのと、一〇頭の熊に追いかけられるのと、あなたはどちらの状況が恐ろしいですか?

答はどちらも同じです。どちらも夢なのですから。

目覚めてしまえば、危機は消えます。


長年、ワークショップをやっていると、ひどい話もたくさん耳にします。児童虐待、レイプ、殺人、自殺、戦争、悪魔崇拝……。瞑想中に大声で叫びだす人もいました。まるでホラー映画のようです。

私はそういった恐れに同化することを選びません。「あー、叫んでいるんですね」と、過ぎ去っていく映画の一コマのようにとらえます。

私に同情心が欠如しているわけではありません。どれだけ大変だったことか、想像できます。でも、私まで苦しんではいられないのです。私まで一緒になって苦しむと、二人とも苦しみから抜け出せません。

川で溺れている人を見つけたら、自分も川に入って一緒に溺れるのではなく、岸から手を差し伸べてあげるのです。

世間は暗いニュースばかりだからといって、あなたまで暗くなることはありません。

あなたが豊かな人生を送っていれば、他の人も豊かになれます。

新聞やテレビ、職場の愚痴に同調しないでください。

豊かな宇宙に生きていることを思い出すのです。

隣の人がマイナス思考でもあなたはプラス思考を貫き、実践するのです。

日々のニュースは過ぎ去っていきますが、豊かな気持ちはいつまでも残ります。


歩道の脇、セメントのすき間から、草が生えます。自然の力は強いのです。真実の姿の上にセメントの仮面をつけたとしても、本質が打ち勝つのです。

表面のレベルをどうこうするよりも、背後にある宇宙的真理を知らなくてはなりません。

それがどんな問題にも対応できる解決法です。

経済変動は打ち寄せる波のようなもの

経済は、神がコントロールしているのではなく、人類が操っているものです。

現在、アメリカ経済が危機に瀕《ひん》しているのは、お金を貸し過ぎて、返せない人が出てきたためです。

これは純粋にヒューマン・エラーです。人間のミスが重なって問題が大きくなって、崩壊したわけですが、悪い面ばかりではありません。

ここから、より賢く生きようという知恵が得られます。実際に返す能力のない人にまで貸し過ぎるのは健全ではないということがわかり、バランスを取り戻そうという動きが出てきます。

経済危機は、世界の終わりではありません。

しばらくは不安定な状態が続きますが、徐々に調整され回復に向かいます。

起こったことはすべて善だと考えるとよいでしょう。

経済は波のように上下に波打っています。一つの波が去ったからといって、もう次の波が来ないわけではありません。砂浜に行って、波が一回打ち返したからといって、「ああ、最後の波が過ぎてしまった」と悲しんだりしないでしょう?

波はまた来て、寄せては返します。タイミングの問題です。景気後退が続けば、そのうち底を打って、また上向きになります。

ですから**ターニング・ポイントが来るまで、ただリラックスして、深呼吸しながら待っていればいいのです。今の状況を楽しみましょう**。ビーチでパラソルを広げ、バーベキューを焼いてパーティを開けばいいのです。誰かにキスを送ったり、何か創造的なことを始めましょう。またお金が戻ってきたら、忙しくなるのですから、楽しむなら今のうちです。

現実には、職を失って明日の暮らしにも事欠くという人もいることでしょう。

まずは、すでに身に降りかかった状況をポジティブにとらえてください。長い目で見れば、世界経済は再びバランスを取り戻し、健全になります。自分が職を失ったのは、そのプロセスの一部だと認識すること。一時的には不便な状態になっているけれど、長期的に改善されると信じることです。

職を失うことは、たしかにつらいことですが、それによって人生をどう生きていくべきか改めて学ぶチャンスだとも考えられます。

マイナス部分だけを見ていれば、悲観的になる一方です。

でも、その背後には宇宙の大きな意図があるのです。

目に見える部分だけに振り回されてはいけません。

宇宙の意図を信じ、心を開くなら、あなたの前に道が開くでしょう。

経済危機の問題は、お金ではなく恐れ

不況が続いているのは、人々がお金を使うことを恐れているからです。

お金の動きがなくなり、固まっているような状況です。

ですから、人々がお金を使い始めたら、不況も終わります。つまり、不況を終わらせる力は、私たちの手の中にあるのです。

この地球では、今でも飢餓に苦しむ人々がいます。すべての人類に十分に行きわたる食料があるのに、飢餓が起こるのは、戦争があるからです。

一九七〇年代、ビアフラは深刻な飢餓に見舞われました。世界中の心ある人々が、飢えたビアフラに食料を送りました。しかし、港に着いた船から荷を降ろすことができなかったのです。戦争のためです。食料は船の中に置かれたまま、腐っていきました。

食料の不足によって飢餓が起こるのではなく、人々の信念や思考が戦争を起こし、飢餓を生み出しているのです。

ですから私たちの心さえ変えれば、状況は変わります。

恐れから行動しないように心がけることが大切です。

恐れではなく、寛大な心で、信念を持って行動してください。

今、この状況に豊かさを見いだす

お金が動き出しさえすれば、景気は上向きになります。

必要なレッスンは、今、この状況で、心安らかでいるということです。そして、今、この状況に豊かさを見いだし、満ち足りてくつろぐこと。そのように意識を高めることで、現実レベルでも目に見える変化が起こり始めます。

アルバート・アインシュタインはこう言いました。

「問題は、問題を引き起こしたレベルと同じ視点で考えていては、決して解決しない。真の答えは、その問題を起こしたもののさらに高いレベルから物事を見通すことによって解決できる」

これは今の経済問題にそのままあてはまります。

私たちの思考のレベルを上げないと、不況は終わりません。

思考を変えることができれば、状況は変わってきます。

そして、この問題を乗り越えれば、経済はより安定したものになります。

政府が公的資金を注入するよりも、政府の方針によって、人々が「不況は克服される」と安心して、実際にお金を使い始めるという効果のほうが大きいのです。実際に前進するよりも「前進しているんだ」という意識です。

一九三〇年代のアメリカ大恐慌の時代に、ルーズベルト大統領は工場をいくつか作り、雇用を生み出しました。オープニング・セレモニーはとても華やかで、音楽やテープカットを多くのマスコミが取材しました。大統領は、セレモニーを行うことによって、国民に自信を回復させたのです。そして国民が自信さえ持てば、実際に経済は上向きになると考えたのです。

結果を得る前に、まず私たちの思考や意識を変える必要があるということを示す最適なエピソードです。

ルーズベルト大統領の演説には、「我々が恐れなければならないのは、恐怖そのものである」という有名な一節があります。

「宇宙経済」を信じる

不安をなくす手っ取り早い方法の一つは、ニュースを見ないことです。経済危機に関する報道をシャットアウトするのです。

人間が作った論理ではなく、宇宙の真理を信頼するのです。

豊かさをイメージし、自分を尊重して行動しましょう。

私は「宇宙経済」という言葉を推奨します。

心配しなくても、宇宙が私の面倒を見てくれるのです。

雇用状況や失業率、ＧＤＰなどの統計データだけで判断する人は、「人間経済」にしか意識を合わせていないのです。そうした人は、数字のアップダウンに大きく影響されて、息詰まるような毎日を送らなくてはなりません。

「人間経済」ではなく「宇宙経済」に意識を合わせていると、大きな恩恵が得られます。

「宇宙経済」とは、全宇宙は豊かさから生み出されているという前提があります。

豊かであることは、宇宙にとって自然なことです。

海を見てください。波は無限に打ち寄せてきます。砂浜には無数の砂があります。日本では春が訪れるたびに桜が満開になります。不況だからといって花が咲かないことはないのです。波や砂、花、これらすべては宇宙が創造したものです。

人間は、小さな考え方にとらわれ、思考が制限されてしまいがちです。恐怖心を持つのは、庭園のホースの途中を握ってしまうようなもの。豊かに流れるはずの水が止まってしまいます。

思考の力は強力です。意識をフォーカスしたところが拡大されます。思考はクリエイティブな力を持っているからです。

だから、不足ばかりに意識を合わせていると、ますます足りなくなります。

それよりも、**望んでいるもの、自分を幸せにするものに意識を合わせればいいのです**。

思考をオープンにして、豊かさにフォーカスしましょう。海や森など、自然の中に現れた宇宙の豊かさを見るようにすると、宇宙からの恩恵を受け取れます。


宇宙の原則は固定化されていて、変えようがありません。それが原則であるゆえんです。法則と法律の関係を考えると理解しやすいでしょう。

法則は変えられないけれど、法律は変えられます。重力の法則に従って物体が落下するのは普遍的原理で、逆らうことができません。でも、制限時速一〇〇キロというのは、人間が作った規則だから、状況に応じて変えることができますし、そんな規則は無視してスピードを出している人もいます。

宇宙が豊かだというのは、普遍的な原則です。

人間が作った経済がいかにアップダウンして変わっていこうとも、宇宙の原則は変わりません。だから、**宇宙をもっと信じて、頼ればいいのです。**

うまくいっている部分に意識を合わせる

不況のためお金が循環していないとしても、お金以外に私たちが感じ取っている豊かさはたくさんあります。

豊かさというケーキがあるとしたら、お金は小さな一切れに過ぎません。

お金の心配があるという人に対して、私は「お金以外には、どんな豊かさを受け取っていますか?」と質問することにしています。

さまざまな答えが返ってきます。「愛する家族がいる」「健康状態が良好」「親友がいる」「ペットがいる」「自然に恵まれた環境に暮らしている」「良いアイデアが次々に浮かぶ」「スピリチュアルな真理に興味がある」「楽器を演奏するのが好き」「絵を描くのが好き」――そうやって列挙しているうちに、自分がとても豊かな人間だと気づくのです。金銭面だけに意識を向けて、貧しいと思っていただけだったと。

もし、あなたの人生の九八%がうまくいっていて、二%だけうまくいっていないとします。そして、自分のエネルギーの一〇〇%を、そのうまくいっていない二%に注力しているとしたら、人生がうまくいっていないという感覚を抱きます。意識が二%の部分にしか向いていないからです。

でも実際は、九八%がうまくいっているのです。ほとんどの人は健康だし、家族がいるし、友達もいるでしょう。楽しいことがあれば笑顔になります。

人生はけっこううまくいっていると思いませんか？　でもお金のことだけに意識を向け

ているので、世界がまるで地獄のように感じられるのです。

たとえお金が潤沢に流れていないとしても、**自分がすでに手にしている豊かさに意識を向けることを忘れないでください**。

私の友人で非常に成功したビジネスマンがいます。彼は世界各国のオフィスを回って、「今日うまくいったことを一〇〇〇個、挙げてみよう」と提唱しました。うまくいかなかったことに意識を向けるのをやめ、自分たちがどれだけうまくやっているかを具体的に挙げていくことで、ビジネスが一気に好転していくのです。

また、ある大学のアメリカンフットボールのコーチは、選手たちに、うまくいったプレイのビデオだけを繰り返し見せ続けていました。そのチームはすばらしい成績を収めました。意識を集中させるものが、次の現実を作るからです。

反省のために失敗したプレイのビデオを見せられると、選手たちは「また失敗するのではないか」と萎縮《いしゅく》して、チームは低迷したことでしょう。

もちろん、間違ったことをしたなら、素直に反省すべきです。そして、くよくよ考えるのは、やめましょう。失敗からは貴重な学びが得られます。でも、過去の失敗に意識をずっと向けてはいけません。

リフレーム――違う角度から見る

変化を恐れない心を持つには、すべてが善きことのために起こっていると気づくことです。

どんな経験や試練も、そこには恩恵が隠されています。

失業したのは、もしかしたら、もっとあなたに合った仕事に就くためかもしれません。

恋人を失ったのも、もっと良い人に出会うためかもしれません。

英語にリフレーム（Reframe）という言葉があります。再びフレーム（枠）を作り直すことです。同じ事実を違った角度から見直すことも、リフレームです。

リフレームについて理解するための格好のエピソードがあります。

心理学者が小さな男の子を二人、実験しました。一人はネガティブ思考で不満ばかり、もう一人はいつもハッピーな男の子です。

ネガティブボーイは甘やかされて育てられ、わがままです。おもちゃでいっぱいの部屋に入れられると、しばらく遊んでいたのですが、「ここには、いいおもちゃがない」と文句を言い始めました。

一方のハッピーボーイは、馬糞だらけの部屋に入れられました。臭くて不潔です。でも、ハッピーボーイは顔を輝かせて幸せな表情をしました。

なぜでしょう？

「馬糞があるのは、どこかにポニー（子馬）がいる証拠なんだ」と考えたからです。

ハッピーボーイは、馬の糞ではなく、その背後の可能性を見たのです。

糞は匂うし、汚いし、普通は糞の近くにいたいとは思いません。でも、もし糞を野原に置くと、土壌を肥沃《ひよく》にし、作物を育てます。小麦が育ち、おいしいパンができます。人はそこまで見通せないことが多いのです。糞の背後に、フレッシュでおいしいパンを想像できないのです。

糞自体は問題ではなく、正しい場所に置くかどうかが問題なのです。

たとえば、内気で自分の考えを堂々と主張できないという青年に相談を受けたことがあります。日本に比べてアメリカでは、内気な人は少々生きづらいところがあるのです。

しかし私は彼に、内気であることも長所の一つだと説明しました。

内気であるからこそ、人の気持ちに敏感になれるのです。自分が敏感であることを認め、うまくコントロールすることを学べば、カウンセラーや教師など指導的な立場の職業で成功できます。また、将来、親となれば子供の気持ちを敏感に察することができるはずです。

あなたが自分の弱点だと思い込んでいたことは、実はあなたの最大の強みかもしれません。

人と比較するのは意味がない

リフレームという手法を身につけるには、ちょっとしたコツが必要です。

自分と人とを比べる習慣のある人には、リフレームは少しむずかしくなります。なぜなら、勝者と敗者という一つのフレームにこだわってしまうからです。


人はそれぞれユニークなギフトを与えられています。それは他人とは比べようがありません。それに比較を始めて、点数を付け始めると、勝者は一人だけで、残りはすべて負けです。


心から尊敬できる人がいるというのは、とてもすばらしいことです。

でも、その人もあなたと何ら変わるところはないのです。

「あの人は精神的に覚醒しているから」「すばらしい才能を持っているから」と、玉座に乗せて崇拝してばかりいるうちに、自分は小さくなっていく一方です。一方的に崇拝するのではなく、あなたが目指すべき目標としての役割を担っていると考えましょう。あなたが、彼らの下にいるのではなく、対等な立場にいることを忘れないでください。

私のワークショップでよく使うフレーズに「**最上階にはすべての人のための場所が用意されています**」というものがあります。

要するに、この世界の全員が成功することができるという意味です。

誰かの成功を奪うことなく、十分に成功できるのです。

しかし、恐れとか競争意識にとらわれてしまうと、成功へのパイプラインを失います。そして、自分の殻に閉じこもって、他人の成功をねたむようになります。そうなると、自分自身が創造的なアイデアを生み出すエネルギーをなくしてしまうのです。

他人をねたむ時間があるのなら、その時間を創造的なアイデアを生み出すことに使えば、お金が入ってくる可能性だってあるのです。

アップル・コンピュータの創始者、スティーブ・ジョブズを例に挙げましょう。

彼は最終的にアップル社に解雇されています。創始者が大成功を収めた末に解雇されるという前代未聞の話です。

でも彼はたいして気にせず、ピクサー・アニメーション・スタジオで3Dアニメーションを作り上げます。その後、アップル社に戻りiPodやiPhoneといった画期的な製品によって、誰もが想像したこともなかったような新しい業界を生み出したのです。

彼は誰かと競っていたでしょうか?

そうではなく、自分の創造性をただ発揮していたのではないでしょうか。誰かからマーケットシェアを奪おうなどという考えは持っていなかったはずです。新しいマーケットを生み出したのですから。

第2章

人生の目的を知る

小さな選択から始める

人生の目的というと、壮大なテーマを思い浮かべる人が多いと思います。

自分が生涯をかけて何を成すべきか。そんなことを考えているうちに時間ばかりがたって、現実には何も変わっていない。そのギャップに悩んでいる人もいることでしょう。

全人生を考えるより、まず、**目の前にあることに手をつけるほうが簡単ではないでしょうか？** そうしたほうが、答えが見つけやすいのです。

たとえば、デートに誘われたとします。

洋服の試着と同じです。その相手とデートに行くことが、サイズがぴったりの洋服のように身体に合えば、答えはイエス。合わなければノーです。

このように、まず小さなレベルから、イエス、ノーを判断していくのです。そこに喜びがあるか、情熱があるか、確かめる練習です。

今日の夜に何を食べるか。イタリア料理かタイ料理かといった選択でもかまいません。イタリア料理のほうがわくわくするなら、イタリア料理を選べばいいのです。

日本人、特に日本女性はこうした選択があまり得意でないようです。

自分の希望をはっきり出すと、わがままだと思われはしないかと不安になって「あなたの好きなほうでかまいません」と答えてしまいます。

そんなことを続けていると、あなたの心が少しずつ死んでいきます。本当の気持ちを表現していないから、心がなくなっていくのです。

といって、自分の思い通りにするために戦う必要はないのです。願いがいつも叶うわけではありませんから。ただ、表現する練習をするのです。

心が本当に望むことを表現すれば、喜びの筋肉が鍛えられます。人生の目的を考えるのは、その後です。喜びの筋肉が鍛えられているので、大きな人生の決定も迷いなく下せるようになるのです。

宗教は信じなくてもいい

人生の目的を考える時、世俗的なレベルを超越して、宗教をイメージする人もいるかもしれません。でも、人生の目的はすでにあなたの中にインプットされているのです。自分の内面を探っていけば、人生の目的も見つかります。

大切なのは、**すでにあなたの中に答えがあると信じることです**。

自分を信頼することは、宇宙を信頼することと同じです。

自分を信じると、宇宙の大きな計画を信じることができます。宇宙と個人は一体で進みます。

「神は信じるけれど、自分は信じない」ということはありえません。あなたは神の表現の一つなのですから。どちらも信じるか、あるいはどちらも信じないかしかありません。

「日本人は無宗教で神を信じない人が多い」と聞きましたが、神という呼び名にこだわる必要はないのです。「宇宙」「天」「偉大なスピリット」「愛」「生命力」「自然」など、呼び名はいろいろあります。

日本には、神道という宗教がありますよね。自然と深くつながり、一神教ではなく八百《やお》万《よろず》の神々の存在を認める神道は、自然の生命力そのものを賛美するすばらしい教えだと思います。

神社やお寺に参拝する機会は少なくても、日常生活の中で高い精神性を発揮している人はたくさんいます。和の心を持ち、自分以外の人の個性を尊重して生きている人々です。

現実には、罪悪感や恐れをもたらす宗教もあります。

欧米でも、宗教でいやな体験をして、神を信じないという人もいます。私たちは罪を背負ってこの世に生まれてきたから、現世で苦しみながら罪を償わなければいけないと教える宗教もあるからです。

宗教とは関係なくスピリチュアルな道を歩んでいる人の中にも、子供時代に厳格な両親や神父、牧師、僧侶に「神に罰せられる」「地獄に行く」「悪いカルマを持つ」と脅された記憶を持っている人がいるでしょう。そうした傷を癒すことも大切です。

そして、宗教を信じないからといって、宇宙の真理を否定する必要はありません。

私は特定の宗教は勧めません。どの宗教でも、使い方次第だからです。

宗教は人を傷つけるものではなく、助けるものです。

そして、自分への信頼感を取り戻し、豊かに生きるためのものです。

人生がよりハッピーになり、高次元のパワーとつながり内なる平和をもたらす宗教であれば、それはとてもすばらしいものです。

占い師や霊能者に力を明け渡してはいけない

日本では占いがとても盛んだと聞きましたが、占い自体には良し悪しはなく、要は使い方です。

占いで前向きになれるのなら、それはとても良い活用法です。

「水星が逆行しているからコミュニケーションがうまくいかない」「彼は獅子座だから私と相性が悪い」といったように、占いで自分を制限するのは、良い使い方ではありません。誤解しないでください。占いは基本的にはとてもいいものです。内なる叡智《えいち》に触れ、あなたが本来持っている強さを引き出すこともあるでしょう。

ただし、占いなしには生きていけないというのは、自分で考える力を放棄していることなのです。占い師に相談しなくても、**直感から多くのメッセージを受け取ることができるのです。**

理想的な占いとは、自分の真実に目覚めるきっかけを与える占いです。占い師の助言を聞いて力が湧いてきたり、良い提案だと納得できるのなら、それは良い占いです。

占い師に「こうしなさい」とアドバイスされても、直感的にやりたくないと感じたなら、従う必要はないのです。良い占い師なら、あなたが本来持っている強さを引き出し、自分で答えを見つけるように導いてくれるはずです。だから、占い師に依存させて言いなりにしようとはしません。

占い師と波長が合うかどうかもチェックしてください、そもそも占い師とあなたが合わないのなら、そのアドバイスにしたがって、良い結果が出るはずがありません。

これは占いだけでなく、霊能者にもあてはまります。

私のワークショップに、霊能者に離婚を予言されたという女性が参加しました。彼女は、自分は必ず離婚すると信じているのです。自分の力を霊能者に完全に明け渡している状態です。

離婚するかしないかは、自分の力を取り戻し、自分の頭で考えるべきです。

家系、過去や歴史があなたの人生を決定することはありません。子供時代の性的虐待、冷たい親、厳格な先生、いじわるな上司、そんなものに奪われていた力を取り戻すのです。そう決めれば、取り戻すことができます。

この原則さえわかっていれば、誰に何を言われようと、あなたの生きる糧を奪われることはありません。

前世やカルマはあなたを支配しない

魂や人生というと、前世とかカルマといった言葉を持ち出す人がいるのですが、そうした考えにとらわれているのも問題です。

中には、人を傷つけるためにこうした言葉を使っている人がいます。「あなたは前世で殺人を犯したから、現世では幸せになれない」など。これは原因と結果の法則の冒瀆《ぼうとく》です。

思考は必ず結果に影響を及ぼします。正しい思考は幸せな結果をもたらしますが、間違った思考は不幸な結果をもたらします。

カルマや輪廻転生《りんねてんせい》といった概念を誤って使い、人生がうまくいかないのは、すべてそのせいだと思考するのは、責任逃れの言い訳です。

「私が結婚できないのは、カルマのせいだ」
「出世できないのは、前世で暴君として人民を苦しめたカルマだ」
「前世で飢えに苦しんだから、今世ではどんなにダイエットしてもやせられない」
「夫がいじわるなのは、前世で私が夫をいじめたからだ」

など。人生の行き詰まりや制限を打ち破るためには、行動を起こすべきです。

そこから逃げるために前世やカルマを理由にしてはいけません。

誰かに強く惹かれた時、「エジプト時代にソウルメイトだったから」というより、シンプルに「あなたと過ごしたい」と告げるほうが自然でしょう。

日本には、先祖の因縁という考え方があるそうですが、これも誤っています。祖父母が悪いことをしたからといって、あなたが罰せられる必要があるのでしょうか?

父親がギャンブルで五〇万ドルの借金を作ったという友人がいます。友人は誠実な性格で、借金の相続を放棄せず、すべてを背負いました。そしてビジネスで成功して、すべての借金を返したのです。父親が悪いカルマを持っていても、息子がそれを繰り返す必要はないのです。

カルマに方向性があるとしても、変えることができるのです。

受け取るメッセージは自分で選べる

ある友人と中華料理店に行った時のことです。

アメリカの中華料理店は食事が終わると、フォーチュン・クッキーが出てきます。メッセージが書かれた紙が中に入っているクッキーです。

その日もらったクッキーを開けてみると、あまりおもしろくないことが書いてありました。それほどひどくないけれど、私は気に入りませんでした。そこでウエイトレスを呼んで、新しいフォーチュン・クッキーをもらえないか頼んでみました。

するとウエイトレスは大きなボウルいっぱいのフォーチュン・クッキーを持ってきて、「気に入った未来が書かれているのを選べばいい」と言ってくれたのです。

これはとても象徴的な出来事です。

占いや霊能者のメッセージを受け取るか受け取らないかは、あなた次第です。

霊能者は透視能力という特別な力を持っているのだから、自分が気に入らなくてもそれは真実だと信じる人もいるでしょう。そうではありません。

あなたの心が共鳴しなければ、それはあなたにとって真実ではないのです。

デパートで洋服を試着して、あなたにとても似合い、着ていて心地よいのなら、それをあなたのものとしてもいいでしょう。反対に、サイズが小さくて、自由に動けないほどきちきちだったり、裾《すそ》をひきずるほどぶかぶかなら、その洋服は買わないでしょう。なのに、透視能力や占い能力は、あなたにフィットしていなくても受け入れてしまうのですか？

霊能者の予言にがんじがらめにされた彼女に、私は自分の力で生きる許可を与えました。占い師や霊能者に言われたことを引きずっている人がいるなら、ぜひ、力を取り戻してください。

生命の神秘はどこに隠されているか

ヒンズー神話にはこんな話があります。

神々が世界を作った時、あるゲームをしました。生命の秘密をどこかに隠すというゲームです。

ある神は、「高い山の頂上に隠そう」と提案しました。「いやいや、いつか人間は登ってしまう」と反対されました。別の神は「深い海の底」を提案しました。それもいつかは見つかってしまうに違いないと却下されました。

そこで神々は、人間には絶対に見つけられない場所に隠すことにしたのです。

どこだと思いますか?

人間一人ひとりの魂の中です。

人間は外ばかり探して、自分の内側は探さないから、絶対に見つからないと神々は考えたのです。

まず自分を愛さないと、人は愛せません。

最愛のパートナーを得たり、自分にぴったりの仕事を得るためには、まず、自分の価値を知り、自分と恋に落ちることが必要です。

もっと自分をほめてあげましょう。

日本人は、謙譲の美徳を重んじて、ほめられることに慣れていないかもしれませんが、自分を否定するのは、やめましょう。アメリカ人なら、何かほめられたら「(私の美点に)気づかせてくれてありがとう」とお礼をいいます。

職場で上司に批判され「無能でミスばかりしている」と評価されたら、それを信じますか？　もしかしたら上司がいじわるで、視点がゆがんでいるのかもしれないのに。

誰かに「あなたは美しい」とほめられたら、それを否定しますか？

相手はありのままのあなたを見て、心からそう言っているかもしれないのに。

誰でも黄金の仏陀《ぶつだ》を持っている

ある僧院に大きな黄金の仏陀の像がありました。ある日、軍隊が攻めてきて僧院を襲うという情報が入ってきました。僧侶たちはおびえ、仏陀の上に石とセメントをかぶせて黄金を隠しました。

翌日、軍隊がやってきましたが、セメントの仏陀には何も手出しをせず、そのまま去っていきました。

それから年月が過ぎ、黄金の仏像の秘密を知っている僧侶はこの世を去り、いつのまにか、仏陀は石像ということになってしまったのです。

ある日、石像の下で若い僧侶が瞑想《めいそう》していました。そこにセメントのかけらが落ちてきました。そのかけらの裏側は輝いていたのです。若い僧侶は不思議に思って、石像の表面を削ってみると、黄金が現れました。僧院からみんな出てきて、石をはぎとり、仏陀は再び黄金に輝きました。

この地球に生まれてきた人すべては、黄金の仏陀として生まれてきたのです。それが真実の姿です。でも、罪悪感や羞恥心《しゅうちしん》、恐怖がセメントとなって、黄金を覆い隠してしまったのです。「出る杭は打たれる」と言われ、自らセメントを塗っている人もいます。

本当の姿を隠していて、生きている意味が見つかるでしょうか?

テレビをつければ暗いニュースばかり、職場ではどなられ、家には次々と請求書が届く……。たしかにそんな状況では、黄金はセメントで覆われてしまいがちです。

でも、そんな毎日にも、セメントがはがれていくきっかけが訪れます。

たとえば、誰かがやって来て、本来のあなたの輝きを思い出させてくれるかもしれません。人生はダークスーツを着て満員電車に乗るだけの毎日ではないと。本や友人、ワークショップを通して、気づきがあるかもしれません。

自分の人生はこれだけじゃないと、そろそろ目を覚ますタイミングです。

黄金の仏陀に気づくもう一つのきっかけは、つらい体験です。

愛する人の死、離婚、失業、破産、病気などです。

その瞬間はとてもつらいのですが、そんなことが起こると強制的に自分の内面に目を向けるようになります。すると、黄金の仏陀が目に入るのです。

かけがえのないものを失うと、一時的にはどん底に落ちたような気になります。でも、失ったものがあるからこそ、誰にも奪われることがない価値が自分にあると気づくのです。

ワークショップを通して、黄金の仏陀を見つけるプロセスをよく目にします。いかにも有能なビジネスマンといった服装で硬い表情をしていた人が、週末のワークショップを通して、明るくなり、眼鏡を取って少年のような表情を見せたりします。

「本当の自分をやっと思い出した。今まで眠っていたようだった。魂がよみがえった。これから罪悪感を抱くことなく、幸せになりたい」と彼は語りました。これこそ、セメントがはがれた黄金の仏陀です。

私のワークショップがきっかけだからといって、私を崇《あが》めてはいけません。崇めるのは、あなたの中の黄金の仏陀です。

最終的には、私のワークショップに出席する必要はなかったと気づくことがベストです。

私から参加者への最高の贈り物は、**探し求めている真実がすでに心の内側にある**と思い出させることなのです。

「道で仏陀に会ったら、殺せ」という言葉があります。

これは、外に出て誰かを殺せということではありません。仏陀はすでにあなたの内側にいるのだから、外に求めるべきではないという戒めの言葉です。道で仏陀に会ったとしたら、あなたが仏陀でないことになってしまうでしょう?

そもそも、道で会った仏陀があなたの内面の仏陀よりすばらしいと評価するのは、あなたのパワーを明け渡してしまうことです。そういう概念を殺せという意味です。

パワーの源泉は内側にある

私の友人であるアメリカ人女性がセミナーを企画しました。

彼女は五人の講師に依頼しました。彼女を含めて一人の講師が一〇人ずつ参加者を集めれば、六〇人が集まると計算しました。

ところが、彼女は二〇人を集めたものの、他の講師は数人ずつしか集められなかったのです。ある講師は「占星術的に良くない時期だから」、別の講師は「景気が悪いから」あるいは「主催者が恐れの感情を抱いているので、人が集まらない」と理由を見つけて、自分のせいではないと主張しました。

言い訳をする人は、常に原因は外にあると考えているのです。自分は悪くないのに、うまくいかないというわけです。でも、それでは、自分のパワーを外に明け渡し、自分は無力であると宣言しているようなものです。

喜びの種は常に自分の内側にあります。

誰か他の人があなたを完璧《かんぺき》にしてくれるわけではありません。

「完璧な恋人に出会えたら」「完璧な上司の下で働いたら」「経済が完璧な状況になったら」私は完璧になれるというのは、間違っています。

今、この瞬間、このままで、あなたは完璧になれるのです。

目を閉じて、心臓に手を当ててみましょう。

静かな環境で、聞こえるのは心臓の鼓動だけです。あなたの心臓を鼓動させている、魔法の力を信じましょう。あなたの中のマジカルチャイルドは死んでいません。あなたが忘れていたとしたら、マジカルチャイルドは眠っていただけです。

そして、想像してください。心臓の中の光を。

その光こそが、あなたが生まれ持った光です。

その光はいつまでも消えることはありません。

あなたの肉体が滅んでも、光はいつまでもそこにあるのです。

心臓の一つ一つの鼓動は、神があなたに「あなたの人生には目的がある」「あなたは愛に値する」というメッセージなのです。神はこの世界にギフトを送っています。何が起ころうと、あなたの光は輝き続けるのです。

ネガティブな思いを手放す

「自分の中に黄金の仏陀がいることが頭では理解できても、心に落とし込めない」という質問をよく受けます。

思考の力は強大で、意識を向けた部分が拡大されます。しかし、そう思えば思うほど、反対にネガティブな思いに意識を向けてしまうことがあります。

虐待された経験、仕事上での失敗、失恋など、「もう意識を向けまい、考えまい」とすればするほど、リアルに思い出して再び苦しんでしまうのです。

友人の本田晃一氏は「頭と心は、世界一周より遠い」と答え、落とし込めない自分をまず認めることだとアドバイスしています。「無理に自分を高めようとすると苦しいことばかり。だったら、低くてもいいんじゃないか。そう思った時、ぱっと黄金の仏陀が現れる」と。

私からのアドバイスはこうです。

望ましくない状況の逆である、**望ましい体験にフォーカスを合わせましょう。**

たとえば失恋や失敗、虐待の経験を手放したいのであれば、あなた自身の意識を、愛を見つける方向にシフトするのです。

今までに誰かとの間に体験した幸せな瞬間を思い出しましょう。

とても元気になり、エネルギーを感じた状況を心に描くのです。


過去のつらい状況に意識を向け続けることによって、ネガティブな感情を手放すことはできません。望ましくない体験の代わりに、過去に体験したすばらしい出来事、そしてこれから体験したい出来事に意識を合わせることによってのみ、ネガティブな感情を手放すことができるのです。

人間関係で、自分にダメージを与えた相手を許し、精神的に解放される方法もよく質問されます。

許しとは、「あなたが責めている人や出来事は、あなたの幸福に対して、真の力は持っていない」と気づくことです。

つまり**過去のダメージを引きずって、責めたり恨んだりしているのは、「あなたの外側の誰かが、あなたよりも力があり、大きな存在だ」と思い込んでいる状態です**。その思い込みにとらわれているうちは、幸福を断念しているのと同じことです。

あなたが彼らの力を認めなければ、彼らは本当の意味であなた自身を傷つけることはできなかったはずです。そう気づくことによって、幸せを取り戻せます。

彼らを許すには、こんな方法もあります。

あなたを傷つけた人も苦しみの中にいたのです。そして、彼らの不適切な行動は、その中から無意識に生まれたものです。思い通りにならない人生にイライラして、人を思いやる心のゆとりもなく、たまたまそこに居合わせたあなたを傷つけたのです。そのことに気づけば、あなたはそうした行動によってダメージを受けることはありません。

そして、あなた自身の内側の強さや深さに気づくことによって、外側の世界の何ものも、あなたの幸せを奪うことはできないことを知るでしょう。

意識を変えるだけでなく、行動を起こすことも効果的です。「これをやったら幸せになる」というものを実行しましょう。たとえば、自然の中でぼんやりするといった、簡単なことでいいのです。自分に「楽しんでいいんだ」という許可を与えましょう。好きなことをやっていれば、自然に黄金の仏陀が出現します。幸せになれば、心が答えを出してくれるのですから。

痛みからのシグナルを受け取る

魂には目的があります。

頭のなかでどんな計画を考えても、真の意味では魂に導かれていきます。幸せな人間関係もあれば、試練もありますが、それらはすべて目的のために起こっているものです。

パートナーシップの問題で苦しんでいれば、苦しい部分を成長する糧にするのです。

痛みと苦しみを混同してはいけません。

痛みは、生きていれば必ず起こります。痛みを一度も感じない人はいません。これに対して**苦しみとは、痛みの中にとどまっていることです。とどまる必要もないのに、とどまっているのが苦しみなのです。**

火の中に指を入れると、痛みを感じます。神経系が危険だとシグナルを発し、とっさに指を引っ込めます。痛みの目的は、今やっていることは、魂の目的からはずれているから、やる必要がないと教えることです。それなのに、痛みを感じながらずっと指を火の中に入れている状態が苦しみなのです。

瞬時に学び終えることができれば、痛みは一瞬で過ぎ去ります。必要以上に苦しむ人は、魂の目的に気づいていないのです。

人生のシナリオは自分で書いている

まず、自分のパターンを観察してください。

たとえば同じタイプの男性ばかり引き寄せていないか？　恋人、友達、上司の顔を思い浮かべてください。

パターンは良きにつけ悪しきにつけ、自分の感覚、感情、肉体、人間関係に何が起こっているかを知らせてくれます。

健康問題にもパターンがあります。ストレスを感じると体調が崩れるなど。

ルイーズ・L・ヘイの著書には、体のすべての臓器が特定の感情と結び付いていると書かれています。たとえば肺はインスピレーション、心臓は喜び、背中はサポートなど。人から支えられていないと感じると、背中が痛くなるのです。

自分のパターンを注意深く見ていくと、思考と感覚が引き起こす現象が見えてきます。「こう考えたら、こういうことが起こった」という実験を繰り返し、トライ・アンド・エラーで学んでいくと、人生のシナリオが見えてきます。

人生のシナリオは自分が選んでいるのに、周囲のせいにしてしまいがちです。誰もあなたを傷つけないし、救うこともできません。そのことに気づいていないからです。

誰かに傷つけられたと被害者意識を持っている人は、誰かに救われると期待しています。本当はそれをできるのは自分自身だけです。

パートナーを選ぶ時「この人が私を幸せにしてくれる」と思っても、しばらくすると、一緒にいても不幸せを感じるようになります。それは自分の力をパートナーに明け渡しているからです。魚釣りの棹《さお》を引き寄せるように、自分の力を取り戻してください。
「彼がもっと私を愛してくれたら私は幸せになるのに」「上司が私を高く評価してくれたら」「子供の成績が上がったら」など、人の行動に、自分の幸せがかかっていると思うのは、自分の力を明け渡していることなのです。

第二次大戦前のドイツでは、民衆がアドルフ・ヒトラーに力を明け渡してしまいました。無批判にグルを崇拝する宗教もそうです。医者や弁護士、富を持った人、ロックスターやスポーツ選手などセレブリティに力を明け渡している人もいます。

マジックテープの法則

すべての現象はバイブレーション（周波数）によって結びつきます。

同じバイブレーションだから引き寄せ合い、違うとまったく合いません。

いつも愚痴や怒りばかりを口にしている人は、それと同じバイブレーションの人を引き寄せます。自分がその人より高いバイブレーションを出すようになると、自然と離れていきます。


人を変えようとは考えないでください。

ただあなたが、望ましいバイブレーションを保つだけです。

そうするとマジックテープのように同じバイブレーションの人を引き寄せます。

現象も同じです。文句を言えば言うほど、さらに文句を言わざるをえない現象を引き寄せます。抜け出したいのなら、愚痴をこぼすのをやめればいいのです。**愚痴と満足はバイブレーションが違うから、一緒に存在できないのです。**感謝の言葉を口にしていれば、次々に感謝すべき出来事が起こるでしょう。

私たちの本質は幸せになることです。不平不満はその本質にそぐわないのです。もしあなたが、自分を何の価値もない存在だと考えるなら、アイデンティティをシフトしましょう。「私はこういう人間だ」という認識を変えるのです。

マジックテープが、くたびれてくると、フックがきかなくなります。「自分は頭が悪い」「太っている」「どの上司にも必要とされていない」という思い込みがあると、パートナーや上司、豊かな生活にフックするものがなく、くっつかなくなるのです。

フックを新しく替えさえすれば、すばらしい恋人ややりがいのある仕事、快適な住まいが努力しなくても手に入ります。

あなたの必要なもの、本当に望んでいるものは、自然なプロセスで与えられます。

恋人の愛情を疑いながら付き合っているのなら、彼に「ずっといっしょにいたい」と伝えて相手の反応を見るのです。「私もいっしょにいたい」と言われたら、それが答えです。逃げられたら、それが答えです。

その恋人と付き合うことが正しいのなら、二人の関係は続きますし、正しくないのなら、別れて一人になれば、新しい恋人が出現します。

知人の女性に、デートのプロフェッショナルとでもいうべき人がいます。あらゆるつてを頼って、全人生、デートをし続けているのです。友達の紹介はもちろん、雑誌やネットにまで広告を出してデート相手を調達します。

しかし、実際にデートしてみると、あらゆる男性の欠陥をコレクションする結果になってしまうのです。デートに十分なお金を使ってくれないとか、単なる体目当てだったとか。

でも、その原因は彼女にあるのです。

すばらしい男性につながろうとしても、フックがないから、彼女の前を素通りしてしまうのです。不平を言い続けたところで、すばらしい男性は引き寄せられません。フックを作るしかないのです。

ハワイのモロカイ島に、ある男性が住んでいました。とても辺鄙《へんぴ》で静かな島です。彼はジャングルの中で、裸で暮らし、マリファナを育てていました。非合法な仕事ですが、彼はとても幸せで満ち足りていました。

ある日、彼の友人が女性を連れてやってきました。彼はその女性と恋に落ち、結婚を決意しました。そして、別の島に移住し、社会的に認められる仕事を始めたのです。

この世の果てともいうべきモロカイ島で原始的な生活を送っていても、いとも簡単にパートナーが見つけられたのです。目の前に最適な人が現れ、ちゃんとフックが機能すれば、マジックテープが結び付けてくれるのです。

マジックテープのフックを変えさえすればいいのです。

思考パターンと信念体系を変えましょう。

すべての変化は頭の中から始まります。

フライパンの大きさ

ある橋を渡ろうとしていた男性が、橋のたもとの釣り人に気がつきました。その釣り人があまりにも奇妙なことをしていたので、しばらく観察しました。

釣り人は、小さな魚を釣り上げるとバケツに入れ、大きな魚を釣り上げるとそのまま川に戻しているのです。

しばらく観察していた男性は、あまりにも興味深いので、思わず質問しました。

「どうして大きな魚は逃がすのですか？」と。

釣り人の答えはとてもシンプルでした。

「家のフライパンが小さいので、小さな魚しか料理できないのですよ」

釣り人は、どうして大きなフライパンを買わないのでしょう？　おそらくそんなことは考えたこともないのでしょう。ばかげたことですが、現実にこれに似たことはよく起こっているのです。

フライパンはあなたの思考であり、期待値です。

あなたはフライパンに入る大きさのものしか手に入らないと思い込み、大きな魚を逃がしているのです。思考を変えないと、何も変わりません。

手に入れるものを増やしたいなら、心の中に受け取れるだけのスペースが必要です。

「私には大きすぎる」と思っている限り、あなたは小さなものしか受け取れないでしょう。自分の可能性を小さなフライパンに限定してはいけません。

貧しい人を助けようというプログラムはアメリカにたくさんありますが、助けを求めている人は、単にお金を欲しがっているのではないのです。

彼らに必要なのは知恵です。一時的にお金をもらっても、アルコールやタバコ、ドラッグになるだけで、依然として飢えたままです。

真の助けは、思考を広げ、意識を変える手伝いをすることです。

魂のサインに気づくには

人生の目的を知るためには、魂が出しているサインを読み取ればいいのです。
私たちがどう感じるかでサインに気づくことができます。
幸せな感覚を抱くなら、それは正しい道です。
幸せでないのなら、魂の目的からはずれています。

苦しんでいるのは、目的以外のことをやっているからです。
間違った道を進んでいるのなら、立ち止まり、他の道を探すべきです。

サインに気づけないのなら、これまでの人生を振り返ってください。うまくいっていましたか？　人と戦ってばかりで、仕事はうまくいかず、死んだような気持ちで生活し、借金だらけといったトラブルの連続なら、道からはずれているというサインが送られてきているのです。

社会に適応するために、自分を制限することが習慣になってしまっている人がいます。「職場の全員が愚痴をこぼしているから、自分も不平不満を口にしなければ、孤立してしまう。仕事を失わないために、愚痴につきあう」「自分がいかに不運であるかをアピールすれば同情してもらえる」「病気になれば、仕事に行かなくてすむ」

こうした自分を制限するパターンは、世界中に蔓延《まんえん》しています。

自分の魂にオープンになっていない人は、周囲の意見に左右されます。

自分の内なる声を聞くことに抵抗があるのです。

自分の本当の姿を見るのがこわくて、外側を塗り替えようとしたり、自己破壊的な行動に出たりします。

魂の目的を直視するのを避けているのです。

自分は醜いと信じ込んでいるから、神聖さや強さが目に入らなくなっているのです。


人生の目的を軽んじている人は、単に生きて時間が来れば死ぬだけだと考えています。

本当の意味で生きていないのです。

人生の情熱を注げば、真の目的が見えてきます。

それは決して苦しい道ではなく、インスピレーションに導かれながら自然に進む道です。


魂の目的に沿っていると、シンクロニシティが自然に起きてきます。そんな実例の数々は、第5章で述べています。

感情を抑え込むと、魂が死んでしまう

私の場合、人間関係に制限を感じることがよくありました。

主に恋愛です。恋に落ちては捨てられる。あるいは喧嘩《けんか》や涙にうんざりして、自分から去る。感情はいつも不安定でした。

いつか相手に捨てられるのではないかという恐れ。その恐怖心から自分をオープンにできない。そのためちゃんとしたコミュニケーションが取れない。相手に捨てられないために、自分から捨てるといった行動に出たこともありました。破局の理由を作るために喧嘩をするのです。

一五歳で最初のガールフレンドができて以来、五〇歳でパートナーのDと出会うまで、破局のパターンを繰り返していたのです。

「いくら好きでも、恋人に自分の力を明け渡すべきではない」と考えを改めることで、パ

ターンから抜け出せました。恋人が私を幸せにしてくれるわけではありません。

私にとって最もつらかった恋の話をしましょう。

ある女性と恋に落ちて、お互いに愛し合うようになりました。でも、彼女からの電話がだんだん少なくなって、私のことを捨てようとしているのではないかと不安になりました。毎日、帰宅すると留守電をチェックする苦しい毎日が続きました。相手が私をどう扱うのか、心配し続けた不安な期間が一年続きました。

苦しさに耐えかねて、最終的に彼女と話し合い、別れることを二人で選びました。一年も苦しまずに、一ヶ月後に話し合うべきでした。

「自分の感情を外に出すべきではない」というのは、日本人、特に日本女性の多くがもっている縛りでしょう。いい妻になるためには、自分の感情を出してはいけない。そうでないと、わがままになってしまう。

でも、そうやって感情を押さえ込んでいるうちに、魂が縮こまっていきます。

「私は、このことで傷ついた」「こういうふうにしたい」「これをやめたい」と、夫や恋人にはオープンに伝えるべきです。喧嘩をするのではなく、「私はこう感じている。あなたはどう思う?」と冷静に話し合うのです。

もちろん、すぐにうまくいくわけではありません。練習が必要です。「感情を出してはいけない」という縛りが強ければ強いほど、時間がかかります。忍耐強く、練習を続けてください。

人生のゴールとは

愛、喜び、感謝、祝福、つながりなど、人生に大切なものはさまざまな言葉で表現されます。これらはすべて一つにつながっています。

ダイヤモンドを思い浮かべてください。同じダイヤモンドでも、あるアングルから見るのと、別のアングルから見るのでは、輝きは違って見えます。愛や喜び、感謝も、同じものを違うアングルから見ているから表現が違ってくるのです。

人生のゴールは、幸せになることです。

その形は人によってさまざまです。創造的な才能を発揮することが幸せという人もいれば、人に優しくすることが幸せという人もいるでしょう。

宇宙は、幸せや喜びに満ちています。神は人生をどれだけ楽しめるかというゲームを発明しました。神は女性のために男性、男性のために女性を創りました。男性のために男性というケースもありますが。

美、ユーモア、思いやり、深慮、すべて聖なるものであり、人間が感じ取れる高次の感覚です。美しい音楽、愛する人とのセックス、すべて神の形であり、神を表現していることなのです。

選択を迫られた時、魂が喜ぶ道を選んだ人は、幸せになります。

自分が幸せを感じられないことにノーと言えるかどうかが大きな分かれ道です。人生をすべて計画通り進めるというより、流れに乗っている人のほうが幸せです。そして、そんな人は同じように幸せな人を引き寄せます。

もちろん、いつも完璧にうまくいくわけではありません。正しい選択ができることもあれば、できないこともあります。うまくいくように、トライし続けること。それが大切です。

毎日の生活の中にこそ発見がある

自分を探すこと自体が人生の目的になっている人がいます。アメリカではほとんどの人がそうかもしれません。

自分を探すことが悪いわけではありません。自分が幸せになるためにはどうしたらいいのかを考えることは、とても役に立ちます。要はバランスの問題です。

アメリカ人の場合は、自分の幸せを追求するあまり自己中心的になり、少しは人のことも考えるべきだというケースもあります。

これが日本人だと、自分だけに意識を向けて、同じところをぐるぐる回っているというケースが多いのでしょうか。

自分をケアしながら、世界と調和する。内面だけでなく、外側も見る。そのバランスを取ってください。

そして、「探す」ことが人生の目的になってしまい、探し物が見つかったら何をするかまで考えていない状態は卒業しましょう。メーテルリンクの『青い鳥』ではありませんが、どれほど遠くに旅して探しても、結局はあなたの内側に答えがあるのです。

ストレートには答えは得られないかもしれませんが、直感やビジョンを通して、あなたの求めているものは少しずつ明確になっていくでしょう。

毎日の生活の中で起こる、何気ない出来事の中にも、ヒントは隠されているものです。偉人の書いた本を読んだりセミナーに出席したりするのもいいですが、日常生活でも深い学びがもたらされます。要はあなたがそれに気づくかどうかです。

英国の詩人ウイリアム・ブレイクの詩にこんな一節があります。

「一粒の砂の中に世界を見る。
一輪の野の花に天国を見る」

あなたの探しているものは、ブレイクが書いたように、一粒の砂や野の花など、身近なところにあるのです。それは、バスの中で受けたさりげない親切や、無邪気な子供の笑顔、空に輝く月や星かもしれません。

第3章

自分自身の豊かさと情熱に気づく

自分を知るための質問

「自分の情熱やエネルギーがどこにあるのかわからない」という人に対して、私は多くの質問を投げかけます。


「好きな食べ物は？」

「好きな音楽は？」

「好きな映画は？」

「好きな本は？」

「休日にはどこに出かけたいですか？」

「どういう異性に惹かれますか？」

「一番行きたい場所はどこですか？」

「好きな仕事に就けるとしたら、何をやりたいですか？」

「無限にお金があったら、何をしますか?」

キーワードは「好き」です。人は、自分が好きなものの話をしている時は、自然に表情が明るくなり、笑顔になります。それが情熱です。

情熱というと、もっとドラマチックな感情を想像するかもしれませんが、情熱はいつも爆発しているわけではありません。**幸せな感覚も情熱の一つです**。

自分が好きなことに正直でいられると、魂に流れている暖かい川に足を踏み入れているような感覚になれます。「自分はこれが好き」「これがやりたい」と口にするだけで、情熱を感じるのですから、実際の行動に移せば、さらに情熱は高まります。

「情熱に従うことは、わくわくすると同時に不安も感じる」という質問を受けました。

人生にアップダウンは付き物です。好きなことだけをやっていれば、すべてがうまくいく、という人はいません。

不安を感じるというのは、良いサインです。**夢に近づけば近づくほど、逆行する考えが**

やってくるのですから。

たとえば、ある仕事を志していて、あこがれの会社で働くチャンスが巡ってきたという人がいます。

情熱は高まりますが、その一方で「自分には十分なスキルがないので、やっていけないのではないか」「せっかくのチャンスなのに、成功につながらなかったらどうしよう」という不安も生じます。

すべての思考は、豊かさか不足、どちらかの側から来ています。

不安は不足から来ています。一方で、自分に起こりうる最高の結果をイメージするのは、豊かさから来ています。

とにかく好きな仕事ができるという、そういう流れに意識を向けましょう。そこに情熱が向いているのだから自然な流れです。

不安は雑念です。雑念は手放し、自然な流れに乗るのです。

セレブレーション（祝福）のレベルを生きる

人生には三つのレベルがあります。

まず一番下のレベルは、サバイバル（生存）。このレベルのテーマは、ストラグリング。「格闘、あくせく、もがく」といった意味です。「来月の家賃を払わなくてはいけない」「車が故障したらどうしよう」「景気が悪いから、解雇されるのではないか」「老後が不安」といった心配だらけで、息も絶え絶えに生きています。実際に貧しいというより、精神的に恐怖にとらわれている状態です。

中間のレベルは、ジャスト・イナフ（ほどほど）。テーマはセトリング。「落ち着く、定住する」です。一応、仕事も続いていて、住む家もある。毎月の支払いも、なんとか払っている。楽しくもないけれど、まあこれでいいだろうという妥協のレベルです。

そして、一番上のレベルはセレブレーション（祝福）。テーマは、ジョイ（喜び）、クリエイティング（創造）です。はっきりした人生の目的を持ち、適当なところで妥協しない生き方です。収入を得るのは、家賃を払うためではなく、人生を楽しむためです。

下の二つのレベルではなく、一番上のセレブレーションのレベルで生きるのには、どうしたらいいでしょうか？

私たちは子供のころから「楽しむだけの人生は罪悪だ」と教え込まれています。でも、**自分が楽しんでいないで、どうして世界に対してポジティブな影響を及ぼすことができるでしょうか？**

楽しんでいると、幸せな波動を生じ、地球の周波数を上げることにつながっていきます。日本人的な思考では勤勉さが尊ばれ、楽しんでばかりいるのは怠惰なイメージがあるかもしれませんが、宇宙にはもっと大きな見取り図があります。

自分が一番上のセレブレーションのレベルに達したら、何をやりたいかを具体的に想像してみてください。

「あこがれの人と結婚する」「今の仕事を辞める」「農場を買う」「世界旅行」「音楽家になる」など、自由に発想してください。

ただし「貧しい人のために尽くす」「恵まれない子供を助ける」といった、人のためではなく、自分のために何をしたいかをまず考えてください。

そんな想像をするだけで、あなたが発する波動が上がります。

そして、喜びが豊かさへとつながっていきます。

まず、**喜びを体感することで、現実を引き寄せるのです**。車のスピードを上げる時に、ギアをシフトチェンジするのと同じことです。クリエイティブな人はみんなこういうことを意識せずにやっています。「これが楽しそうだから」と何も考えずに熱中しているうちに、アイデアや創造性がさらに高まり、豊かになっていくのです。

スティーブ・ジョブズはそうやってアップル社を成長させました。「次は何をやろうか」「誰と仕事をしようか」と、楽しみながら考え、何気ない会話からインスピレーションを得ます。そうやって世間をあっと言わせる新製品を続々と現実化させたのです。

私はセミナーでこの三つのレベルでかなえたい夢をそれぞれ三個ずつ、参加者に書いてもらいます。そして、二人組になってお互いの夢を発表します。その時の参加者の顔はとても輝いています。そして、一番上のセレブレーションのレベルになると、一気に輝きが増すのがわかります。

セミナー以外でも、「もしあなたの人生に何の制限もないとしたら、本当は何をしたいですか?」という質問を私はよく投げかけます。レストランのウエイトレスやタクシーの運転手など、偶然出会った人に対してです。

あまりにも突拍子もない質問なので、最初はとまどう人が多いのですが、質問の意味をじっくりと考えるうちに、その表情に微笑が浮かんできます。

この問いは、現実逃避の馬鹿げた空想ではありません。

宇宙には、あなたの夢をかなえるための十分な豊かさがあるのです。

そして、あなたは夢を実現する力を持って、この世に生まれてきたのです。実現できていないのは、自分の内側に眠る力について、まだ気づいていないからです。

不本意な仕事に取り組む時

こんな質問を受けました。

「週末、アランさんのセミナーに出席して、高揚した気分になっても、月曜の朝からは単調な仕事の繰り返しに戻ります。自分の人生をより豊かにしようというモチベーションを保つにはどうしたらいいのでしょうか?」

雇用状況の悪化により、多くの若者は安定した職業に就けず、パートタイムの接客業を選ばざるをえません。どんなにがんばっても、時給も上がらず、正社員にもなれない人も多いでしょう。ワークショップではセレブレーションのレベルに思考を広げたのに、翌日はサバイバルのための仕事に取り組むとしたら、一気に夢から醒めたような気になるのも当然です。

「仕事がおもしろくない」、「自分はこんな仕事をすべきではない」と考えている人たちに、私がサンフランシスコの空港で体験したことを話しましょう。

レンタカーを返した時のことです。係員はスペイン系の男性でした。返却場所に車を乗り入れると、彼は私のためにドアを開け「車をお気に入っていただけましたでしょうか?」と声をかけてくれました。日本ではよくあることかもしれませんが、アメリカではそうでもないのです。

「車に何か問題はなかったでしょうか?」

「はい、大丈夫です。よかったです。気に入りました」

「またぜひ、いらしてください」

「はい、またサンフランシスコに来た時は、利用します」

何気ない会話のようですが、アメリカではこういった職種の人が、ここまで個人的な思い入れを持ってサービスすることは、あまり多くありません。

その係員の態度を見て、このレンタカー会社の経営姿勢が想像でき、非常によい会社だというイメージを持ちました。

私がこの会社を気に入ったからといって、彼の給料が上がるわけでもないし、特別なボーナスをもらえるわけでもないでしょう。彼はただ、自分が幸せでいたいし、まわりも幸せにしたいという気持ちから、レンタカーを返しに来た人たちに対して、あのようなコミュニケーションを取っていたと思います。

彼は無意識のうちに、厳しい経済不況を癒しています。自分の置かれた状況に不満を抱き、いやいや働くのではなく、より幸せな状況を生み出そうということで、経済回復がもたらされるのです。

ある時、空港で働く男性と話す機会がありました。

飛行機がゲートに到着した時に、旗を振りながらパイロットに飛行機を止める位置を指示する仕事です。

彼によると、操縦席のパイロットの反応はさまざまです。何の感謝もなく機械的に飛行機を止める人もいれば、感謝の微笑みを浮かべたり、中には敬礼してくれる人もいます。そんなパイロットに会った時は、彼の心は一気に明るくなります。

雨の日も晴れの日も、屋外に立ち、飛行機の排気ガスを吸いながら、方向指示をする仕事。ハードだけど退屈な仕事だろうと想像していたのですが、彼の話を聞くうちに、私は考えを変えました。

「パイロットが私の仕事を認めてくれただけで、それだけでこの仕事をやっていて良かったと思えるのです」と彼は話してくれました。パイロットのちょっとした感謝によって、彼は仕事に対する誇りを持つことができるのです。

マニュアルに従う仕事でも、それを遂行するのは人間です。エネルギーの交流が起こり、ちょっとした気遣いが大きな変化をもたらすのです。

スーパーのレジや郵便局の窓口、バスの車内で、こうした奇跡は日々起こっているはずです。

誰でもできるような平凡な仕事をしているから、自分は人生で成功できないと思わないでください。目の前の仕事をどう行うかの積み重ねが、真の成功につながっていくのです。成功とは、何を成し遂げたかではなく、そこに至るプロセスを指すのです。

世の中全体を変えるような目立つ仕事でなくても、あなたが仕事を通して接した人々には、確実にあなたの影響が及ぼされていくのです。もし、接する人すべてに対して喜びや癒しをもたらすことができれば、こんなにすばらしいことはないでしょう。

あなたを中心としてポジティブな連鎖が次々と起こるのです。

今いる会社の中で最も下のポジションにいるとしても、その会社の長であるかのような志を持ち、最高のサービスをお客さんに対して与えようとしてください。

社長や上司、同僚の態度によって、あなたが最高の仕事をするかどうかを決めないでください。会社の他の人たちが何をしていようとも、あなた自身が最高の仕事をすれば、引き寄せの法則があなたの状況を変えてくれるでしょう。

可能性はいろいろ考えられます。

●今の会社でのポジションが改善される
●あなたを正しく評価してくれる他の会社に転職する
●あなた自身のビジネスを始める

引き寄せの法則は、そこに関わるすべての人が持っている意識に等しいレベルのものをもたらします。そして、その人にとって真に価値があるところに、すべての人を配置してくれます。**あなたの幸せは、他人や外側の力によって決まるという考えに、惑わされないでください**。

今、置かれている状況がどんなに不本意なものだとしても、あなたにはその状況を変える力があるのです。時間を切り売りするのではなく、すべての時間において、人生に参加するのです。

私の友人は、こんな言葉を名刺に入れています。

「それが楽しいことなら、やりなさい。やらなくてはいけないことなら、楽しくやる方法を工夫しなさい」

ありのままの自分が完全である

テニスプレーヤーのジェニファー・カプリアティが一二歳の時、インタビューでこう質問されました。

「あなたは、クリス・エバート二世になれますか?」

ジェニファーの答は「ノー」でした。彼女は「私は、初めてのジェニファー・カプリアティになります」と宣言したのです。

彼女は、他人のコピーをするのではなく、自分自身に価値を置いたのです。

他人の真似をしないということは、日本人にとっては、アメリカ人以上にむずかしいことかもしれません。


また、「完璧《かんぺき》な会社員」「完璧な妻」といったフレームを作ってしまい、そこに合っていないから自分は成功していないと考えるのも、自己破壊的です。そういう物差しを持っているかぎり、自分が完璧な存在だとは思えないでしょう。

日本人は完璧じゃないとハッピーではないと感じる傾向があるようです。ありのままで完璧なのだという発想が受け入れられると、すべてが変わってきます。その中で、改善すべきところがあれば改善すればいいのです。

まず、今の自分はこれでいい、この瞬間からハッピーなのだと気づいてください。


経済的成功で自分の価値を測るのも正しいことではありません。

お金さえあればハッピーになれると考えるのは、お金に自分のパワーを明け渡している

ことだと気づいてください。

竹の木は、夏に葉を茂らせ、冬に根を張ります。冬には死んだように見えますが、根をより深く地中に伸ばし、土壌の栄養分を吸収しています。

経済もそれと同じです。今は冬を迎えていて、外向きには発展していないとしても、内なる成長の準備をしている時なのです。また季節が巡れば、より良い状況が戻ってきます。

根拠のない楽観も正しい

根拠があって楽観主義になるというよりも、楽観主義が根拠を生み出します。

前向きな姿勢を持っていれば、好ましい状況を引き寄せます。

もっともらしい理由や説明が整うまで悲観主義でいたら、いつまでたっても楽観的な状況にはなりません。

思考が理由づけをつくり、理由づけが現実を創っていくのです。

これはとても実用的な真理です。

オバマ大統領のノーベル平和賞受賞は、そのサンプルです。

オバマ大統領は二〇〇九年一月に就任しました。ノーベル賞の委員会は二月か三月ごろにその年の受賞者を決めます。その時点でオバマ大統領は何も結果を出していませんでした。でも、彼は良いアイデアを持っていたから、委員会は受賞者に決めたのです。

これはある意味、とても楽観的な姿勢です。理念だけで世界的に権威のある賞を与えるのですから。

アメリカには批判している人もいます。まだ何も成し遂げていないのにと。

でも、私はとてもいい決定だと思います。行動ではなくビジョンに価値を認め、賞を与えたのですから。

私はファンタジーを語っているのではありません。

一〇〇年少し前までは、アメリカには奴隷《どれい》制度がありました。何百万人の人々が、品物のように市場で売買されたのです。現在の人権活動家が目にしたら、気絶するような状況ですが、当時、奴隷制度に疑問を抱く人はごく少数だったのです。

楽観主義者はいつの世も笑われます。この世界は放っておくとネガティブになりやすく、前向きな人が出現すると、ちょっとした恐怖を感じる悲観主義者がいるのです。だから、馬鹿にして笑います。

でも**楽観主義者は成功しやすく、悲観主義者が成功する可能性はかなり小さいのです。**心配したい悲観主義者には心配させておき、自分はハッピーでいればいいのです。

ジム・キャリーは、俳優の仕事を始めた時、思考の力を使いました。

二〇〇〇万ドルの小切手を作ったのです。実際にはそんなお金を持っていません。でも、その小切手にサインして、自分にはそれだけの価値があると信じていたのです。

彼はだんだん人気が出てきて有名になっていきました。そして、ある映画出演のオファーを受けた時、ギャラがぴったり二〇〇〇万ドルだったのです。

売れない俳優が二〇〇〇万ドルの小切手を妄想していると、誰でも笑うでしょう。それが現実化したのは、まさに思考の力です。

時代はいつも変化しています。一昔前なら、変なものとして排除されていたものが、受け入れられるようになっていきます。あなたはどこもおかしくありません。

宇宙の真理に正直になってください。いずれ、あなたが正しかったと証明されます。

人生に戦いは必要ない

大変な時代になったと悲観的になっている人に聞かせたい寓話があります。

二人の僧侶が街に向かって川のほとりを歩いていました。

洪水が起こり、二人は川の流れに飲み込まれました。一人はパニックになり、川岸に泳ぎ着こうともがいているうちに溺《おぼ》れてしまいました。もう一人は、自分の力より川の力が大きいから、流れに逆らいませんでした。リラックスして流れに身を任せ、下流まで下っていったのです。そうすると、当初の目的地である街に、歩いて行くより早く到着したのです。

人生に戦いは必要ありません。

何が起こっても、そこでもがいて抵抗するとパワーを失ってしまいます。

反対にリラックスすると力を得るのです。抵抗するのは、エネルギーの無駄です。

逆境に陥ると、なんとかしてそこから脱出しようとするのは、習慣の問題でもあります。両親や学校の教育、あるいは、ニュースや小説、映画でそんな苦しいシーンを見ているうちに刷り込まれたのです。

社会的通念として、苦しみが必要だと思い込まされています。苦しんでいないと人に批判されるような気がします。「僕が苦しんでいるのに、なぜ君はのんきなんだ」と。それはとてもおかしいことです。

望むものを手に入れるためには、苦しむ必要はありません。成功するためには、ストレスだらけの職場で二四時間戦い続けなくてはいけないと思っているなら、不必要な困難を自分に強いることになります。

苦しみながら働いていると、客観的な視点を失い、冷静な判断が下せなくなります。成功するために必要な直感や創造力を失ってしまうことになるのです。

もちろん、怠けていて成功するわけではありません。

しかし、**真の成功につながるための努力は、静かな安らぎを伴うものです**。

そこに恐怖はありません。「必死に働かなくては、この職を失ってしまう」という恐れではなく、世の中に貢献し、自分も幸せにするために、安らかな気持ちで目の前の仕事に

打ち込むのが、成功への道です。

苦しみは美徳ではない

苦しみは美徳であるという考え方があります。

苦しめば苦しむほど善良な人になるというドラマを信じている人がいますが、それは、苦しみに問題を隠しているだけです。

アメリカでは、カトリック教徒は苦しめば天国に行くと信じています。日本にもそんな文化的通念がありますね。同じ力学です。

「望むものを得るためには苦しまなくてはいけない」「苦労して得たものにこそ価値がある」という考えは幻想にすぎません。

宇宙は愛に満ちています。そこに住む人々が苦しむことを、宇宙は望んでいません。**もし、あなたが幸せになるためには、まず苦しむことが必要だと考えているのなら、そうした思い込みがあなたの現実を作っているのです**。そして、しなくていい苦労を背負い込む結果になっているのです。

苦しみを手放すといっても、怠けて無為に過ごすことではありません。**苦しまなくなると、エネルギーが解放されます。あなたが心から望む人生に向けての大きなプラスのパワーが生まれます**。苦しみを手放したあなたは、怠けるどころか、自分が本当に望むことを実現するために、パワフルに活動を始めるはずです。

日本人のすばらしさの一つに謙虚さがあります。自分を卑下して他の人の存在を重んじて、尊重するというのはすばらしい美徳です。でも、あるレベルを超えると、自分を傷つけることになります。謙虚になることは苦しむことではありません。謙虚さは幸せにつながっていないと意味がありません。

リラックスの効用

日本の会社にはサービス残業というものがあるそうですが、みんなが遅くまでオフィスにいるから自分もいなくてはいけないと思い込んでいるのです。そうした圧力に屈しないでいるには、自己信頼が必要です。自分にはそんな苦行は必要ないと知っていれば、五時に退社する勇気が出てきます。

ヨーロッパではバカンスは有給で二ヶ月取ります。社会通念の違いもありますが、日本人は、幸せは楽観主義から生まれると理解していないのです。賢明なビジネスマンは、休暇を取ってリラックスすることで仕事がうまくいくことを知っています。

私の著作を出版しているヘイハウスは、週四日制です。月曜から木曜まで、午前七時から午後五時半まで働き、金土日の三日間はオフィスが閉まります。とても成功している出版社で、世界中に支社があり、たくさんのベストセラーを出して大きな利益を上げています。

社員はいつも健康そうで、幸せだと成功するという格好の見本です。午前七時開始というのは少し早いですが、ランチタイムが長いので、テニスやジムに通う社員もいます。先日オフィスを訪れると、販売担当の女性社員はジムに通うスポーツウエア姿でした。

もちろん、自分が打ち込める仕事をしているから長時間働くというスタイルもあるでしょう。たとえば、命を助けたいと切実に願っている医者。情熱はエネルギーを高めます。大好きなことをやっていると、無限のエネルギーが湧いてきます。反対に、大嫌いなことをやっているとエネルギーは枯渇していきます。

エネルギーは精神的なものですから、物理的に測定することはできません。肉体が疲れていても、情熱を傾けていることに対しては、エネルギーが高まります。

世界を救うといった崇高な目的でなくても、原理は同じです。

仕事からへとへとに疲れて自宅にたどりついた男性。友人から電話がかかり、「家具を動かすのを手伝ってほしい」と頼まれました。あまりにも疲れているので断りました。

一〇分後に再び電話のベルが鳴り、今度は恋人からでした。「新しいネグリジェを買ったから来ない？」という誘いです。二つ返事で男性は家を飛び出しました。エネルギーが生み出された瞬間です。

手にするものが自分の価値を語る

第二章で触れたフライパンの大きさは、私たちの日常の行動にも現れます。心から欲しいと思うものなのに、値段を見てあきらめることはないでしょうか？

たとえば、ショーウインドーであなたにとても似合いそうなジャケットを見つけたとします。デザインも色も、あなたの好みで、まさにあなたのために作られたようなジャケットです。

店の中に入って、そのジャケットを見せてもらい、値札をチェックします。あなたが普段、ジャケットに支払う額をはるかにオーバーした値段でした。

さて、あなたはどうするでしょう？

「私には高すぎる」と、あきらめますか？　でも、あなたにはそのジャケットを着る価値があるのです。あなたが買うものはすべて、自分にどれだけの価値があるかを語るものなのです。**自分を愛しているなら、自分を最も喜ばせるものを買うべきです。**

だから、「安いから」というだけの理由で買い物をするのは、やめましょう。価格だけで買った洋服に袖を通すたびに、自分が貧しくて好きな服も買えないという思い込みをインプットすることになるからです。

自分の価値を信じていないから、浪費する

「自分を最も喜ばせるものを買おう」という話をすると、質問を受けました。
「だったら、クレジットカードで高価な買い物を重ねて自己破産する人はどうなのでしょう？　自分の価値を高めるための買い物と、単なる浪費を区別する方法を教えてください」

日本やアメリカでも、そしてほとんどの先進国では、借金で悩んでいる人はたくさんいます。

私が伝えているすべての学びを応用するにあたっては、バランスと知恵が必要です。自分にぴったりの洋服を見つけたのに、値段だけであきらめる人というのは、自分には価値がないと苦しんでいる人のことです。自分に幸せをもたらしてくれるものを、自分自身に

与えることを恐れている人です。

そんな人にとっては、自分に喜びをもたらしてくれるものを買うというのが、良いレッスンとなるでしょう。

しかし、多額の借金があるなら、高額の買い物をする前に、よく考える必要があるでしょう。お金を使いすぎる人が、次々に高価なものを欲しがるのは、その背後に学びが隠されています。それは、彼らもまた自分には価値がないと苦しんでいるということです。

彼らは、自分を幸せにするためには、他の人に羨望《せんぼう》されたり、高く評価されることが必要だと思っているのです。そのために、多くの豪華なものや、取るに足らないものであれなんでも欲しがるのです。

購入した商品によってではなく、ありのままのその人自身に価値があると知ることができれば、借金してまで買い物をする必要はなくなるでしょう。

世界的な経済不況にも恩恵があります。不況によって、過度な贅沢品《ぜいたくひん》を買う風潮が衰え、多額の借金をする人が減り、今、現在の自分で人生はすばらしく価値のあるものだ、ということを発見できるという点です。

まわりの人々はあなたを映す鏡

人間関係の豊かさについても考えてみましょう。

あなたの友人や恋人、そして道ですれ違う人は、姿を変えてこの世に現れている神だと想像してみてください。

彼らの中に神の崇高さを見るようにすれば、彼らも同じようにあなたの中の最良な部分を引き出してくれるでしょう。もちろん、失望させられることもあるでしょうが、それもあなたが学ぶためのヒントを神が与えてくれていると考えればいいのです。

どんな社会にも感じの悪い人はいますし、法律を破る人もいます。愛を求めているのに与えられないから、そんな行動に出ているのです。そんな人々を排除し、憎もうとすれば、彼らはますます機嫌が悪くなり、反社会的な行動を取るようになるでしょう。

あなたが、彼らを許し、愛を与えれば、彼らの中に眠っている神の部分を引き出すことができます。

あなたのまわりの人々は、あなたの思考を映し出す鏡なのです。

豊かで満ち足りて、深い叡智《えいち》のある人々としてまわりの人々を尊重すれば、彼らもあなたを尊重してくれるでしょう。

なぜなら、私たちが暮らす世界は、誰もが同じではなく、それぞれの心の目を通して見ているからです。「隙《すき》があればだまされる。食うか食われるかのひどい社会」に生きている人は、自分の中の狡猾《こうかつ》さを周囲に反映しているのです。

まわりの人々を変えるのは、簡単なことではありません。でも、まわりの人に対して、あなたがどう考え、どう接するかはいつでも変えることができます。

自分の力ではコントロールできない状況にいるなら、見方を変えて、その状況から安らぎが得られるように考えましょう。

世界は、あなたの外側にあるのではなく、内側にあるのです。

あなたが考えを変えれば、あなたの目に映る世界も変わります。

感謝の気持ちは増幅する

自分が十分に豊かであることを実感すれば、自然に感謝の気持ちが芽生えるはずです。

人生で接するすべての人に感謝しましょう。

「ありがとう」は魔法の言葉です。小さなことにも、感謝の言葉を口にしましょう。感謝できることに意識を合わせていけば、さらに感謝できることが増えていきます。

なぜなら、感謝の気持ちを持つのは、あなたの人生をより向上させるものに意識を集中するということだからです。意識の力は強大ですから、感謝すればするほど、人生は好転していくのです。

心の中に感謝の気持ちが浮かんだら、声に出したり、紙に書いておきましょう。

毎日、寝る前に「今日、感謝したこと」のメモを作れば、どんな平凡な一日でも、祝福に満ちたものであったと気づくでしょう。大それたことでなくてもかまいません。店員が親切にしてくれた、友人と楽しい時間を過ごした、可愛い子犬を見かけたといった、日常生活のささやかな喜びを確認するのです。

平凡だと思っていた一日が、感謝と祝福に満ちた奇跡のような一日であったことに気づくでしょう。そして翌日には、感謝を捧げる対象がさらに多くなっていくはずです。

宇宙の仕組みはとてもシンプルです。**与えられたものに対して、あなたが感謝の気持ちを持てば、宇宙はもっとあなたに与えようとするでしょう。**

反対に「支払いたくないがしかたがない」「このお金を払ってしまうと、懐が寂しくなる」と考えながら、しぶしぶお金を出していると、そんな不本意な出費がますますかさむようになります。宇宙はあなたが注意を向けるものを拡大するからです。

同じ金額を支払うのなら、そこに感謝の気持ちを加えましょう。それは、単なるお金ではなく「気持ちのいいお金」となります。

あるホテルが「滞在中に満足できないことがあったら、宿泊料金を支払わなくていい」というキャンペーンを始めました。

実際に、支払いを拒否した人は一％未満でした。残りの宿泊客は、ホテルのサービスに満足し、喜んで代金を支払ったのです。

そんな「気持ちのいいお金」を集めたホテルは、ビジネスを順調に発展させています。

自分をケアし、他人と分かち合う

自分をケアすることも大切です。気に入った服を買い、おいしい食事を楽しむ。マッサージを受ける。「自分にはこの程度でいいだろう」と価格だけで決めず、自分を幸せにするものを選択するのです。まず、自分に優しくすることから始めてください。

次の段階は、自然に目を向けましょう。木々や花、小鳥のさえずり。宇宙の豊かさを、自然を通して感じることができます。

「私は寂しくて心が空っぽだ。誰かに愛されて、満たされたい」と願っても、あなたの期待するような展開はなかなか起こりません。なぜなら、誰かに愛されるということは、あなたがどれだけ自分を愛しているかに比例するからです。

あなたが心から自分を愛していたら、周囲の人々もあなたを尊重します。でも、自己嫌悪にとらわれていたら、あなた以外の誰も、助けてくれる人はいないのです。

あなたが求めている愛は、外にあるのではなく、あなたの内側にあります。すでにあなたが持っているのだから、他の誰かに頼る必要はありません。

自分が満たされていたら、他の人に愛を与えることができます。物質的ではなく、精神的に与えるという意味です。

褒め言葉をかけること、その人のすばらしさを認め、サポートしてあげましょう。

あなたを通して宇宙の豊かさが流れていくイメージを持って、人と接してください。

豊かさを観察する

豊かな人生を送っている人から多くのことを学べます。

これは経済的な豊かさだけを指しているのではありません。お金を持っていても、自分は豊かだと感じていない人もいるのですから。

子育てを楽しんでいる、休息を楽しんでいるといった人を観察してみてください。子供を観察するのもいいでしょう。子供たちは自分が豊かではないと教え込まれるまでは、とても豊かな人生を楽しんでいるのです。


お金があっても豊かでないという人は、お金の奴隷になっている人です。巨万の富を手にしても満足せず、もっと欲しいと思っています。富を持つことは悪いことではありませんが、常に不足感を持っているのが問題です。

もちろん、富もあり、豊かさを感じているという人もいます。お金を稼ぐことだけでなく、家族と過ごす時間や休息にも価値を見いだしている人です。自分だけが豊かになるのではなく、他の人も助けたいと願っています。そして、ある種のスピリチュアルな意識、宇宙的な何かを感じています。

実際に豊かさを手にする前に、そうした人の特長を体得するのです。**豊かさを得る前に、豊かさを得るために必要なことを手に入れれば、その瞬間からあなたは豊かになります。**お金が付いてくるかどうかはわかりませんが、豊かだと感じられる心をあなたは手にするのです。

どれだけのお金を得るか、実は自分で選んでいるのです。

ある理論があります。

世界中のお金をすべて集めて、全人類に平等に分けます。一、二年以内に、お金はもとあった場所に戻ります。富んでいた人は再び富み、貧しかった人はまた貧しくなるのです。

平等に分配しても力学的に戻ってしまうのです。

それは、豊かさの意識がお金を引き寄せ、貧しさの意識がお金を引き離しているからです。思考や思い込みによって、いくらお金を持つかが決まってくるのです。


意識がお金の現実を決めているのです。


だから国家が貧しい人にお金をいくら与えても、一時しのぎにしかなりません。まず意識を変えること。幼いころから経済的に苦しく貧しい意識の中で育つと、その意識を大人になっても持ち続けます。貧しさの中で生きることにあまりにも親しんでいるからです。誰かが自分からお金を奪っていくという被害者意識を持ち、富んだ人に対する怒りや嫉妬《しっと》がお金を遠ざけているのです。

もちろん、お金がなくても幸せな人がいます。今のままの人生で満足していて、お金を欲しないという人。そういう幸せの形もあります。

経済的もしくは精神的に豊かに暮らしている人に祝福を与えましょう。あなたより、その人のほうがずっと豊かであっても、うらやむことはありません。なぜならその人に降り注いでいる幸せが、あなたの幸せを奪うことはないからです。

宇宙の豊かさは無限なのに、誰かが富や幸運を手にすると自分の分け前が減ってしまうように考えてしまいがちですが、それは間違いでしょう。

あなた以外の人にもたらされた幸せに、喜びを見いだしましょう。

その結果、あなたの可能性も無限に広がっていくのです。

第4章

自分に許可を与える

欲しいものは欲しいと言う

東京に滞在すると、夜が更けてもオフィスビルに煌々《こうこう》と灯りがともっていることに驚かされます。

「もう遅いよ。帰る時間だ。家族が待っているんじゃないかい？　そこで一体何をしているんだい？」と、ホテルの窓を開けて叫びたくなります。

日本では「出る杭《くい》は打たれる」という表現があり、オフィスの人々が残業していると、自分だけさっさと帰れないと聞きました。

でも、とりえあえず杭を出してみたらどうでしょう。もしかしたら、打たれないかもしれません。何も行動を起こさずに「出たら打たれる」と思い込んでいるだけではないでしょうか？

私のワークショップでは、欲しいものを実際に宣言するワークがあります。そして、自分はこういう人間で、このままで十分価値があるということも、宣言します。実際に口に出すことで、心が開きます。そして、あなたの人生のテーマが見えてきます。自分らしさを表現することで、より自分らしく生きていけるようになるのです。


私が一三歳だった時のことです。

クラスに好きな女の子がいました。ニューヨークに遠足に行き、帰りのバスは彼女と隣同士で座りたかったのです。そこで、彼女のために座席を取り、そこに座りたいという友達を断り、ずっと待っていました。

しかし、バスに乗ってきた彼女は私の前を通り過ぎて、別の席に座ってしまったのです。私は「ここに座って」とも頼まず、ただ彼女が察してくれるのを期待していたのです。

残念ながら彼女はサイキックではありませんでした。

「欲しいなら、ちゃんと口に出して言おう。結果が怖くても、とにかく言わなくてはわかってもらえない」――苦い経験から私が得た教訓です。

しかし、数年後、私は再び同じような過ちを犯しました。

こんどはサマーキャンプです。男子と女子のキャンプは分かれていたのですが、ある夜、一緒にローラースケートのプログラムがありました。

私は好きだったロベルタという女の子と手を取り合い、一曲分踊りました。うれしくて天にも昇る気持ちで、それから一ヶ月、手を洗わなかったほどです。

でも、その後、私は何もできなかったのです。当時は自己イメージがとても悪く、「自分はとても変な奴で、誰も相手にしてくれない、まして美しい女の子が……」と思い込んでいました。その夏中、彼女に連絡を取ることはありませんでした。

彼女と再会したのは三年後です。パーティで見かけた彼女に勇気を出して話しかけました。三年前のサマーキャンプがどんなにすばらしかったか、彼女に伝えたかったのです。ものすごく好きだったし、君ほどホットな女の子はいないと告白しました。

「私もあなたのことは大好きだった。でも、何も連絡をくれないし、嫌われているんじゃないかと思ったの」というのが彼女の反応でした。そして、彼女が見せてくれた左手の薬指には婚約指輪が輝いていたのです。

「あのキャンプの後、どちらかが勇気を持っていたら、この指輪はあなたからもらった指輪だったかもしれないわね」と彼女。

以来、彼女とは二度と会っていません。

つらいけれど、とても有意義なレッスンでした。考えているより、自分には価値があるのだと。そして、それは口に出さなければ意味がないと。

好きなことを書き出す

うれしいことを考えるだけで、表情が変わり、生気が宿ります。そこにエネルギーが生み出されるのです。

私のワークショップでは、自分を幸せにすることを書き出すワークがあります。

レベルは三段階あります。

まずイージー（簡単なこと）。おいしいものを食べる、温かいお風呂に入る、マッサージを受けるなど。やろうと思えばすぐに実現できるレベルです。

次がストレッチ（少し背伸び）。気軽にできるゾーンを少し越えるものです。好きな異性をデートに誘う、習い事を始める、上司に昇給を頼むなど。

一番上のレベルが、アウトレージャス（とてつもないこと）。やりたいけれど、どうやったら実現できるのかわからないことです。外国に家を買う、あこがれのスターと結婚するなど。


三つのレベルでそれぞれ三個、合計九つの「私を幸せにすること」を書き出したら、参加者とシェアします。なぜ自分はそれがしたいのか、それが達成できたらどんなにうれしいか。そんなことを話すだけで楽しくなってきて、参加者の顔はたちまち輝いていきます。

一番上のレベルは、あまりにも途方がなく、たわいない夢を語り合っているにすぎないと考えてはいけません。

五〇代の男性が「プロ野球の選手になる」という夢を持っていたとします。実現の可能性はほとんどないでしょうが、「草の上を走る」「一球ごとに真剣勝負をする」「チームで一つの目標に突き進む」といった感覚なら、いくつになっても実現できるものです。あるいは六〇代の女性が「子供を産みたい」というのであれば、それは自分の中のインナーチャイルドを慈しむという意味かもしれません。

なにより、どんなことが自分を幸せにするのか、具体的に意識することはとても重要です。その考えがあなたの心の中に炎を灯してくれます。その炎はどんな苦境にあっても消えず、あなたはいつも宇宙とつながっていることができます。

情熱は神すなわち宇宙の生命力からもたらされます。
人それぞれにユニークな形で流れてきます。それをただ受け入れるだけです。

抵抗しなければ、情熱は流れてきます。

ある人に情熱をもたらすものが、別の人にはまったく何の変化も起こさないことがあります。たとえば、ケイコさん（注：穴口恵子さん。アランの日本でのコーディネーター）はクリスタルが大好きで、あらゆるところに置いてショップも経営しています。私はそれほどクリスタルに興味はないので、店は開けません。私の場合は執筆と犬です。

一番上のレベルの「外国に家を買う」でも、ニューヨークの高級コンドミニアムに住み、毎晩、最高のミュージカルを楽しむという人もいれば、離島の別荘で波の音を聞きながらひっそりと暮らしたいという人もいるでしょう。

このように、情熱の源は人それぞれですから、自分の源を信じればいいのです。

宇宙は、それぞれの人の幸福感に基づいて、ふさわしいものをもたらしてくれます。

箱を壊す

「私にはそんな情熱を持てる対象はない」という人は、まだ受け入れていないのです。抵抗しなければ自然に入ってきます。

なぜ抵抗するのか？　それは社会的通念や思い込みがあるため、そのため失敗するのではないか、人に評価され批判されるのではないかという恐れが生じるからです。

自分が情熱を傾けられることがあるのに、実行すると「いい人でいられなくなるのではないか」、あるいは「わがままだと思われるかも」とおびえてしまう。あるいは、自分にそれができると信じられない。

思考を受け入れる器がないのです。制限された箱の中でしか考えられず、それ以外の可能性は頭に浮かばないのです。

解決策は、箱を壊すしかありません。

箱を壊すというと、ちょっと過激で社会的にも軋轢《あつれき》が生じるように感じるでしょうが、箱は少しずつ壊すことができます。

一度にやろうとせず、少しずつ箱の内側から押して広げていくのです。

具体的には、**想像力を駆使したビジュアライゼーション、そして祈ること**。思考の世界の中では、すでにそれが起こったことであるとイメージするのです。ジム・キャリーの例を思い出してください。

日常生活の中で実践するなら、こんな方法もあります。

クローゼットの中を見渡して、この一年間、袖を通すことのなかった服をチェックするのです。そうした服は、あなたの好みかサイズが変わったため、このまま置いていても、タンスの肥やしになることでしょう。誰かにあげたり、フリーマーケットで売ったり、引き取り手がないなら処分しましょう。

無駄な服がなくなったことで、クローゼットという箱の内側が広がります。空いたスペースには、あなたに本当にふさわしい服を入れられます。素敵な洋服を着た自分の魅力的な姿を想像してください。

洋服だけでなく、本や食器、雑貨も、**今のあなたに必要なくなったものは、手放しましょう**。捨てていいか迷った時は、本や食器に手を置き、エネルギーを感じてください。あなたに幸福な気持ちをもたらすものなら、そのまま取っておきます。何も感じなかったり、「気に入らないけれど、とりあえずこれしかないから使っている」というものなら、処分してください。

愛か恐れか、どちらから出たものか

離婚すべきか迷っている人がいたら、どうアドバイスするでしょうか？

ひどいパートナーだからといって、すぐに離婚しなさいとは言いません。あくまでも相談者の心がそう語りかけてくるなら、離婚もありうるだろうと答えるだけです。

離婚は終わりではありません。一つのドアが閉まると、新しいドアが開くのですから。でも、いつまでも未練がましく閉まったドアの前に立ち止まっている人もいます。


すべての行動は、愛か恐れか、どちらかに基づいています。愛に基づいて選択すると、うまくいきます。


恐れではうまくいきません。なぜなら、宇宙は愛でできているから。

自分が恐れの中にいると思うなら、可能なら、その瞬間は行動しないのが賢明です。

誰かに怒りの手紙を書きたくなったとします。愛は恐れの結果です。本音ではあなたはとても怖がっているのです。実際に手紙を書いても、ポストに投函したり、Eメール送信をクリックしてはいけません。愛の感情が芽生えるまで待つのです。怒りの衝動に身を任せてはいけません。

手紙と違って、言葉はすぐに口から出てしまいます。意地悪な発言をしてしまうと、元に戻すことがむずかしく、相手も自分も傷つけてしまいます。だから、言葉を口にしようとした瞬間のコントロールが必要です。深呼吸する、散歩に出る、お茶を淹れる、音楽を聴く、ヨガをやる、好きな友人に電話する。そんな行動で、自分を愛の状態に向けるのです。そして、気分がよくなってから行動を起こしましょう。

パートナーシップやビジネスの場において、ある原則があります。**最も恐れを抱いていない人が、そのグループを導くのです**。恐れていない人は、平和で穏やかです。そんな人は良い結果をもたらします。恐れにより怒っている人は、問題を大きくするだけです。夫婦関係でも、平和な心を保つ側が夫婦関係を導くのです。

ネイティブアメリカンには、メディスンマンと呼ばれる立場の人がいます。メディスンマンの役割とは、その部族に何が起ころうと、ただひたすら心の平安を保つことです。天災や戦いなど、部族の人々が不安にかられている時も、彼だけは、すべてがうまく解決し、全員が楽しく暮らしているビジョンを持ち続けます。実際、彼の存在によって、恐れていたことは何も起こらず、平和は保たれていたのです。

実際に、心配したからといって、事態が好転することがあるでしょうか?

恐怖は解決につながらないどころか、さらなる恐怖を生み出し、ますますあなたを萎《い》縮《しゅく》させるだけです。

どんな時でも幸せでいるには

三六五日二四時間、幸せという人はいません。エネルギーは高まる時もあれば落ちる時もあります。

ずっと幸せでいなくてはいけないと思うと、それがハードルとなってしまいます。

少しずつ幸せを増やすようにしましょう。アップダウンがあっても、アップの状態を増やしていけばいいのです。

喜びについて、私はゴッドドーター（名付け娘）から大きなことを学びました。彼女は八歳です。ある日、ベッドに入る前に「明日の朝は何をするの？」と質問されました。

私はこう答えました。

「まず、瞑想《めいそう》だな。そして、次はお祈り。それからヨガ……」

私には起床してからやるべきことの長いリストがあるのです。そして「君は何をするのかい？」と彼女に聞いてみました。

「プレイ（遊ぶ）」

彼女はそれしかやらないそうです。

私は長い儀式をこなしてから、やっと遊べます。でも彼女は、自分をハッピーにすることを最初にやるのです。

私はハワイに住んでいるのですが、ハワイには水泳に最適な滝がたくさんあります。水着を付けずに泳ぐと、とても開放的な気分になります。

ある日、裸で泳いでいると、人が来たので水着を着ようかと思いました。でも、先にいたのは私です。新しく来た人が、裸が気に入らなければ、立ち去ればいいだけのことです。するとその人も裸で泳ぎだしました。何の問題もありませんでした。

これはとても象徴的な出来事です。もし、新しく着た人が水着を着て泳ぎ始めたら、私はそのまま裸でいられたでしょうか？


裸の自分とは、ありのままの自分です。まわりが鎧兜《よろいかぶと》に身を固めている時、あなたは裸のままでいられるでしょうか？

世間が恐れや不安に満ちている時、あなたは愛を発信できるでしょうか？

みんながあなたを責めても、あなたは自分を愛せるでしょうか？

これらの問いにイエスと答えられるなら、あなたはどんな時も幸せでいられます。

自分を許すと、人も許せるようになる

自分に対して大丈夫だと思えることが最も大切です。

自分を許せるようになると、人も許せるようになります。自分を愛して、受け入れるようになれば、人を憎むことはありません。

両親を憎んでいる人がいました。両親を許し、つながろうとしても、なかなか簡単なことではありません。子供時代から両親と心が通ったという記憶がなく、何十年も、ずっと隔たっていたのですから。

でも、過去は、この瞬間とは関係ありません。今、この瞬間に両親とつながろうと思えば、そのつながりは、両親との確執より偉大でパワフルになるのです。

まず、つながりたいと表現すること。そこからエネルギーが開いていくのです。

他人や自分を許せないと感じる背景には、批判する心があります。

相手は別に悪意があってやったことではないのに、自分を嫌っているのではないかと感じてしまうことがよくあります。すると相手もあなたのそんな気持ちを察知して、険悪なムードが発生します。相手は、あなたとまったく関係ないことでいらいらして、ついあなたに素っ気ない対応を取っただけかもしれません。先入観さえ持たなければ、気持ちのいい関係が結べたかもしれないのに。

人の行動の背景にあるものは、他人にはなかなかわかりにくいものです。だから、勝手に類推するのは控えましょう。「世の中に起こることには、すべて目的がある」という視点を持てば、自動的に人を批判しなくてすみます。

豊かさを選ぶことを自分に許す

私たちは常に自分に二つの選択肢を与えています。

A　豊かさを選ぶか。

B　不足や喪失、空虚を選ぶか。

あなたのすべての行動、言葉は、このどちらかを引き寄せているのです。

たとえば「パートナーを探しているけれど、まわりに良い人がいない」。

その言葉はどこから来ているのでしょうか？　不足に基づいています。

「良い人がいない」と宣言することで、現実がそれを実証しているのです。

「良い人がいない」といい続けているから、最高の男性が出現しても気づかないのです。

不況だというのは、不足に基づいた見方です。たしかに景気の影響は受けているけれど、全員が悲惨な毎日を送っているわけではありません。中にはうまくいっている人もいます。不況だからこそ、チャンスをつかんでいる人もいるでしょう。反対に、好況の時代に経済的に失敗した人もいます。

状況は固定されているのではなく、さまざまな状況が並列して存在し、あなたは自分にマッチした状況を受け入れているだけなのです。

先日、パートナーとロッキーマウンテンに休暇で出かけました。

日本では鉄道での移動は一般的ですが、北米では鉄道はめずらしい存在です。ロッキーマウンテンには、景観を楽しむ特別列車が走っています。

高地や谷、湖、橋など絶景を見ながら列車は進みます。列車の屋根はガラス張り、食事時には五つ星レストランのようなグルメ料理が出されます。これはアメリカ人にとっては特別な経験で、かなりの費用がかかります。

この列車は四月から九月までの期間限定で、一週間に三往復するだけです。それだけで、この鉄道会社は莫大な利益を得ています。景気後退が叫ばれていますが、こういう列車に乗る人がいて、多額のお金が動いているのです。

新聞やテレビでは、データに基づいてアメリカの経済がどれほど深刻であるかを連日のように伝えています。でも、それが唯一の現実ではないのです。

経済の変化はどこから起こるのでしょう?

銀行からではありません。豊かな思考に焦点を合わせる人が変えていくのです。

豊かさに意識を向ければ向けるほど、社会は変わっていきます。

恐れからの解放

自分に許可を与えられないのは、「失敗したらどうしよう」「結局、自分は無力だ」という強い恐れの感情にとらわれているからです。

恐れはどれだけ嫌な感じを伴うか、そして恐れに基づいた行動からくるネガティブな結果に気づいてください。

逆に愛はどれだけ気分が良い感じがするか、そして愛から行動するポジティブな結果に気づいてください。

人生はいつも平和な日が続くわけではありません。困難な状況に直面することもあるでしょう。そんな時、恐れを感じるのは当然です。そんな時は「もしここで、私が恐れを感じなかったら、どんな行動を取るだろうか」と、あなた自身に問いかけてください。

たとえば、会社の業績が不振で、「解雇されるかもしれない」という恐れを感じたとします。表情は暗くなり、行動が萎縮します。会議でも黙って座っているだけで、意見も口にできません。

でも、「解雇されるなら、された時のこと。恐れを手放そう」と決意すれば、あなたの行動はまったく違ったものになり、積極的にチャレンジしようという気になるでしょう。

そこからもたらされる結果は違ったものになるはずです。

楽観的でいると、創造性が解放されます。思考がクリアになり、正しい判断が下せるようになります。反対に、不安やストレスを抱えている状態では、ミスが多くなり、時間やエネルギーを無駄に使ってしまいます。

恐れを抱く状況に直面した時に、どんな時でも平安を保っている人を思い浮かべ、「もしその人だったら、この状況にどのように対応するだろうか?」と考えるのも役に立ちます。実在の人物でもいいし、スポーツのヒーローでもかまいません。

友人とハイキングに行った時のことです。幅一メートルほどの小道を歩いて谷間に降りました。行きは霧がたちこめていて気がつかなかったのですが、その小道は断崖に沿った小道だったのです。帰り道、私は恐怖に襲われ、早く安全なところに帰りたい一心で、谷底は見ないで目の前の小道だけを凝視して歩きました。ハイキングを楽しむどころではありませんでした。

その時、一人の女性ハイカーが通りかかりました。彼女は、ハイキングを心から楽しんでいました。周囲の景色を満喫しながら、ゆっくりだけど軽快な足取りで進んでいました。

彼女の姿を見て、私も見習うことにしました。道幅は十分にあるのです。深く深呼吸して、肩の力を抜きました。そして、連なる山の風景をながめ樹木が放つ新鮮な香りを味わいました。恐れを手放すことで、その日の体験はまったく違ったものになったのです。


「自分は力が足りないから、大それた夢や目標を持てない」と萎縮している人がいる反面、すばらしい力を持ちながら、宝の持ち腐れ状態になっている人もいます。

日本では、引きこもりの問題が深刻だと聞きました。ちゃんと学校を出て、働く力もあるのに、ちょっとした挫折で社会との関わりを断ち、親に食べさせてもらっている若者たち。

そこまで深刻でなくても、「自分はやればできるのに、これまでの人生を無駄にしてしまった」という自己嫌悪を抱いている人が多いようです。

引きこもりの人たちというのは、彼ら自身の中にある「大きな夢」に触れていない状態にあるのだと思います。

もし自分の夢が何かということに気づけば、それを現実化しようという意欲が湧いてくるはずです。誰もがこの人生で実現したい大きな夢を持って生まれてきているのですが、その夢が何かということをすべての人が知っているわけではないのです。

日本の多くの若者たちは、働きすぎて、喜びを充分に見つけられていない大人たちを眼にして、ふさぎ込んでしまっています。ですからどうせ喜びが手に入らないのであれば、それを探そうとするよりも、引きこもろうとしてしまうのです。

もし、少しでも多くの若者が、勇気を持って夢を追いかけようとすれば、その姿は他の若者たちに刺激を与え、怠惰でいたいとは思わないことでしょう。

心からの夢を追う意欲というのは、アメリカ人が良いお手本となることの一つでしょう。アメリカのほとんどの若者は、本気で取り組めば、夢は叶うと信じています。そして実際に叶えている人も多くいます。

自己嫌悪は、自己愛によってのみ消え去ります。

あなたがあなた自身を愛すると、自分に批判的な人たちにとっても、良いお手本となることができるのです。自己愛を持った人を見て、刺激を受けるのです。

あなたは自分を嫌っている人を、無理やり変えようとすることはできません。しかしあなた自身のエネルギーや、あなた自身がお手本となることによって、彼らに刺激を与えることはできるのです。

準備はできている

日本人のある女性が私にこんな質問をしました。

「引き寄せの法則って、本当にあるのでしょうか？　好きな男性がいるのですが、私とはレベルが違いすぎます。それでも引き寄せることは可能ですか？」

レベルが違うと自分で思っているようでは、引き寄せることはむずかしいでしょう。マジックテープが合わないのですから。

プラトンは「真の友情は対等な関係にのみ生まれる」と言っています。

相手を過剰に評価して崇拝したり、自分を必要以上に卑下している場合は、相手とつながるのはむずかしくなります。

宇宙に対して「私は正しい恋人を受け入れる準備ができています」と宣言しましょう。自分は、すばらしいパートナーに値すると信じるのです。

パートナー探しでも、自分と他人を比較することで、知らず知らずのうちに自分を傷つけています。女性の場合、「自分よりあの人のほうが美しいし若い」「自分は女性として負けている」など。

もしかしたらあなたには若い女性にはない魅力があるかもしれません。社会的に成熟している女性を求める男性もいます。本来の自分を知り、ライフスタイルを確立できている女性は、好ましいパートナーになります。美しさや若さを否定するのではなく、違った魅力があるということを私は言いたいのです。

ただし、**意味のある比較もあります**。

誰かとあなたを比べて、そこに啓発されるものがある場合です。

もしあなたが楽器の演奏者で、あなたより上手な演奏者がいたとしましょう。「あの人のようにうまく演奏できない」と自分を傷つけるのではなく、「自分もああなりたい、あんな音を出したい」と新たな可能性を広げる存在として位置づけるのです。

学びやインスピレーションをもたらす存在としてなら、比較にも意味があります。

自分にぴったりの場所を見つける

あなたが今いる場所は、あなたにぴったり合っているでしょうか？

スーツを買いに行ったら、試着をして、自分に合ったスーツを選びます。スーツに無理やり合わせようと体をゆがめる人はいません。

社会があなたに着せようとするスーツは、合っている部分もあれば、合わない部分もあるはずです。「自分に問題があるから合わない」と考える必要はありません。無理やり状況に合わせることを、成熟した大人の分別だと思わないでください。

あなたの魂にぴったりと合う場所を見つけましょう。

無理に背伸びしたり、萎縮しなくても、ありのままの自分でいるだけで「これだ」と感じる場所があるはずです。そんな場所にいると、自然にあなたの中の最良の部分が引き出されるのです。

そして、その場所を選ぶのに、人のアドバイスはあまり当てになりません。あくまでも、あなたの内なる声が、そこが正しい場所だと教えてくれるのです。

もしあなたが、「これは私に合わない」とはっきり意識できるのなら、それは、自分に合うものが何かをわかっているということです。

それが何なのか、今は明確にわからなくても、そのうち明らかになるでしょう。あなたの内なる声が、正しい道へと戻そうとしているサインなのですから。

「どこかに私にぴったりの場所がある。ここではないことは、わかる」という感覚を否定してはいけません。非現実的なファンタジーを追うと傷つくと恐れるかもしれませんが、自分に合っていない場所に妥協しながら自分を押し込めていくほうが、長期的に深いダメージを与えるのです。

許可を与えるか与えないかの線引き

自分に合った場所を見つけるといっても、それはわがままな暴君のようにふるまうことではありません。

アメリカ人にとって、日本人のイメージは、謙虚で思慮深い人たちです。しかし、最近は日本人にも「恥の文化」を忘れて暴走している人もいると聞きました。つまり、自分に許可を与えすぎているのです。この分野では、アメリカ人が先輩とも言えますね。

アメリカ文化はいくつかの点においては、日本文化より進んでいると言えますが、いくつかの点においては、劣っています。アメリカ人が日本人に教えることができることもあれば、日本人から学ぶべきところもたくさんあります。

「自分に許可を与える限度を見極めるバランス感覚」は大事です。自分を甘やかしすぎるあまりに、他人に対して思いやりや配慮が欠けてしまう人もいます。

この点においては、アメリカ人は日本人から学ぶところが多いと思います。

自分の夢を叶えるために、他人の許可は要りませんが、その中で、他人を尊重し重んじることは大切だと思います。恥や羞恥心《しゅうちしん》というのも、健全な動機ではありません。愛こそが最善の動機です。

つまり「この行動を起こすと、恥をかくからやめよう」ではなく、「この行動に愛があるかどうか」がすべての基準になるのです。

第5章 シンクロニシティ

思考の力がシンクロニシティを呼ぶ

「自分はこうありたい」と考えることが、意味のある偶然、すなわちシンクロニシティを引き寄せます。なぜなら、思考の力は、あなたが考えている以上に強力だからです。

ほとんどの人は外部の条件を変えることで、生活が変わり、その結果、思考が変わると考えています。給料を上げてもらうように交渉したり、より高給な会社に転職することで、リッチな生活が楽しめるようになり、その結果、思考パターンも豊かになるという流れです。でもそれは順番が逆なのです。

まず、内面を変えて豊かな思考パターンを身につけることで、生活が変わり、外部の条件が変わってくるのです。

あなたが心から望んでいることで、常に思考していることなら、あなたの人生に引き寄せられます。

いつも心配したり恐れていることも、あなたの意に反して、引き寄せてしまいます。思考の力はそれほど強大なのです。

それを知らない人は、自分がいかに不運であるかを延々と考えたり口にすることで、ますます望まない現実を生きるという悪循環に陥ってしまうのです。

シンクロニシティを受けとめる

宇宙は知的な計画によって機能していると信じましょう。

テレビやネットのニュースだけを追っていたのでは、世の中はとても混沌《こんとん》としたものに思えるでしょう。でも実際は、宇宙の働きはとても知性的です。

その人の思考に沿ったものが正確に引き寄せられます。

たとえば、パーティに着ていくドレスが欲しいとしましょう。宇宙に「ドレスが欲しい」と送信します。一週間か二週間後、ランチに出かけた帰り道、ショップのウインドウにそのドレスが飾られています。魔術のようですが、これはすべて思考が現実化するという科学的なプロセスです。

ドレスのことを思い浮かべるだけでなく、「私はこんなドレスが欲しい」とメモに書き出したり、友人に話す、祈るといった行為も、思考を強化します。

欲しいものがあるのに現実化しないというのは、思考がクリアでないからです。混乱したまま望んでも、何もやってきません。思考がクリアであれば、もっと簡単にスピーディに実現します。

「パートナーが欲しい」と望む。しかしその後に「でも私は、もう若くないし」「まわりにはいい男がいない」といった思考がせめぎあっていると、パートナーは現れません。

「パートナーが欲しい」という願いに対立する思考が、現実化を邪魔しているのです。

健康を望んでいるなら、完全な健康体で人生を楽しんでいる自分の姿をイメージしてください。病気や老いにフォーカスするのを避けるのです。健康を気にする人は、少し体調を崩しただけで深刻な病気を疑ってしまいがちですが、あなたの中の完全さを見るようにしましょう。もちろん、不調の原因を探るために健康診断を受けることは大切です。最新の医療設備があなたの体のすみずみまでチェックしてくれるのですから、あなたの意識まで体の欠陥にばかりフォーカスする必要はないのです。

あなたの最善にマッチしていることであれば、宇宙の本来の流れに沿っているのですから、物事は簡単に起こります。

結婚相手を求めているのに、なぜか言い寄ってくる男性は既婚者ばかりという女性は、自分では意識していなくても、そういう男性を引き寄せているのです。

ある学校や会社に入りたいと強く望んでいたとします。競争が激しいので、自分がパスすれば誰かが落ちることになるといった罪悪感を持つ必要はありません。あなたか、他の誰かであれ、そこに入るのが最善な人が合格するだけです。もし、あなたがふさわしいのであれば入れますし、もしかしたら他の学校や会社のほうがあなたにふさわしいのかもしれません。

私がパートナーとあるレストランに出かけた時のことです。

ウエイターが案内してくれた席はエアコンの送風口の正面でした。冷たい風が直接当たり、寒くなりました。前菜がテーブルに並び、その時点で言い出すのは気が引けたのですが、ウエイターに席の移動を頼みました。

私たちが別の席に移った後、元の席には老夫婦が案内されました。その夫婦は席に着くなり「ああ、涼しい。私たちが求めていたのは、まさにこの涼しさだ」と、うれしそうに語ったのです。私たちが席を替わることで、彼らに最善な場所を提供できたわけです。つまり、自分にとって最善な場所に移れば、他の人が最善な場所を得るのに貢献することができるのです。

だから**自分だけが幸せになっては、人の幸せを奪ってしまうという罪悪感は持つ必要がないのです**。文化や宗教でそう教え込まれた人もいるでしょうが、自分が犠牲にならなくても、全員の幸せはちゃんと用意されているのです。

罪悪感はサングラスのようなものです。それをかけると、目に映るものがすべて色つきになってしまい、真実の色を見ることができなくなるのです。

私をハワイへと導いたシンクロニシティ

私は現在、ハワイの豊かな自然の中で暮らしています。

以前はニューヨークに住んでいました。そこにハワイで開かれる会議の招待状が送られてきたのです。わくわくして招待状を開けました。しかしそこには「会議のポリシーとして、講演者と参加者は対等の立場にある。よって、すべての講演者は、交通費、宿泊代、食事代は自らで支払うこと」とありました。主催者が支払ってくれるものと思い込んでいたので、私は苛立《いらだ》ちました。ハワイのすばらしい気候をイメージして舞い上がっていただけに、失望は大きかったのです。

気持ちを落ち着かせるために、瞑想《めいそう》してみました。ある顔が浮かびました。ヨガ行者の顔です。茶褐色の皮膚に長い髭、黒く輝く瞳の老人です。ヨガ行者はとてもポジティブなエネルギーを出し、私に祝福を与えました。この瞑想により、私の心はすっかり穏やかになりました。そして、ハワイにそれほど行きたいのなら、自腹で行ってみようという気になったのです。

翌日の夜、友人に誘われて、とあるプログラムに参加しました。スライドが上映され、そこに先日見たヨガ行者の顔があったのです。彼が主催するヒューマン・ユニティこそ、ハワイの会議を企画した団体でした。

ハワイに到着し、ビーチに立った時「ここが私の家だ」と実感しました。砂は白く、海水は温かく、イルカが泳いでいます。あまりの美しさに涙が出てきました。このような美をこれまでの人生で目にしたことがありませんでしたから。それから一年後、私はニューヨークからハワイに引っ越しました。

内なる声を聞き、直感とつながるのは、世界中どこにいても可能です。そのためにどこかに行かなくてはいけないということはありません。

その一方で、**世界のどこかに、あなたの魂と結び付く場所があります。**

いつかは見つかると信じて、扉を叩き続けていたら、そのうち扉は開きます。

機会を逃したからといって、それで扉が閉ざされるわけではありません。それが本当に正しい場所なら、また機会は巡ってきます。最善の状況はいつも、見つけられようとしているのです。後はあなたが求め続けるかどうかです。

これは恋愛も同じです。

大学時代にしばらく付き合って別れた女性がいました。その一年後、電話がありました。

どうして電話をくれたのかと聞くと、「ルームメイトが、あなたから電話があったと教えてくれたから」と答えられました。私は電話していませんでしたが、私たちは再び付き合うようになりました。四年間の楽しい時期を過ごしました。私たちの関係はあのまま終わるべきではなかったから、キューピッドが再び結び付けてくれたのでしょう。

シンクロニシティによる出会い

セミナーの参加予定者から直前にキャンセルされると、以前の私は感情的に傷ついたものでした。私の話す内容に価値がないというレッテルを貼られたような気がしたのです。

でも、その背後には宇宙の大いなる意図が隠されていることもあるのです。

そのことに気づいた私は、キャンセルした参加者が私のセミナーより、もっと適した場所にいられるように望みました。

ある少人数のセミナーでは、キャンセル待ちをしていた別の女性が参加することになりました。すると、同じセミナーに参加している男性と引かれ合うものがあり、セミナーが終わるころにはお互いがソウルメイトであることを確信したのです。

八ヶ月後、その二人は結婚して、すばらしいカップルになりました。

こんな驚くような話もあります。

離婚して落ち込んでいた男性の自宅に電話がかかってきました。彼はハワイに住んでいます。

電話をかけてきたのは、ユタ州の女性でした。

「買ったばかりの電話に、この番号が表示されるので、何の番号か突き止めようとして電話してみました」とのことでした。

彼と彼女の間には何の接点もありません。彼はユタ州に友人がいるので、間違って彼女の番号にかけてしまったのかと考えて、電話番号を言ってみましたが、市外局番も違い、まったく似ていない番号でした。

そんなやりとりをしながら、お互いに惹かれるものを感じました。女性はとても快活な雰囲気ですし、男性は誠実でありながらユーモアのある受け答えをしているからです。

彼の口からはこんな台詞も飛び出しました。

「もし、これがきっかけで私たちが結婚したら、とてもおもしろいですね」

会話があまりにも楽しかったので、二人はそれから定期的に電話をかけあう仲になりました。


どうしてそんなことが起こったのか。

ユタ州に住んでいる彼の友人は電話機を買い換える時、二台を試してみたのです。実際に使ってみて、気に入ったほうを購入するという契約です。選ばなかった電話機は店に返却しました。その店に彼女が訪れ、一週間前に購入した機種が不良品だったので交換を求めました。同じ機種の在庫を切らしているが、たまたま返却されてきたものなら一台あると店員は説明しました。彼女は新しい電話機が届くまで数週間も待ちたくなかったので、返却された電話機を選んだのです。

二人は、これをきっかけに付き合い始め、六ヶ月後に結婚しました。

彼女が好奇心から電話をかけなければ、この出会いはありませんでした。

シンクロニシティに参加するためには、軽快な流れに乗ることが有効です。「どうしてもソウルメイトと出会わなくては」とがちがちになっていては逆効果です。新品の電話に知らない番号が表示されたから、好奇心でかけてみる、そんな軽い気持ちでいいのです。

願ったら、後は宇宙に任せる

バランスも重要です。シンクロニシティを渇望するあまり、日常のできごとをすべてシンクロニシティに結び付けて考えるのには無理があります。

バス停で待っていたらソウルメイトが現れたり、スーパーのレジにならんでいたら、いきなり白馬の王子が現れて恋に落ちるなんてことはめったにないでしょう。

シンクロニシティは起こそうとして起きるのではなく、自然な流れの中で起きるのです。

やみくもにシンクロニシティを求めることは、暗記していたジョークを披露して場をしらけさせるようなものです。その場の流れで、自然に口にしたジョークのほうが、はるかにおもしろく、その場の雰囲気を一瞬にして明るくするのです。

あるいは、海外の友人に手紙を出すようなものです。伝えたいメッセージを書いたら、切手を貼って郵便ポストに入れ、後は郵便システムに任せるのです。まさか郵便ポストの横で配達員が集配に来るのを待つ人はいないでしょう。シンクロニシティが起こるのを待ちわびて、「これはシンクロニシティ？　それともあれがそう？」といちいち考えるのは、集配された郵便物を載せたトラックを追跡するようなものです。

郵便システムは人間が作ったものですから、遅配や誤配もあるでしょう。でも、シンクロニシティは宇宙によって意図されたシステムです。心からの願いを宇宙に伝えたら、後はすべてをゆだねて待っていればいいのです。

「素敵なパートナーに出会いたい」と願ったら、後は宇宙に任せるのです。

宇宙はあなたには想像もつかないようなシンクロニシティを起こして、あなたが出会うべき人との遭遇をもたらしてくれます。

それは壮大な宇宙の計画の一部です。

ただし、あなたの中で準備が整っていなかったら、シンクロニシティは起こりません。

パートナーが欲しいのに「男性は私よりもっと若い女性を好むだろう」あるいは「女性は私よりもっと収入の高い男性を求めるだろう」と思っているようでは、出会いはもたらされないでしょう。不安や劣等感を持っていると、あなたの望みはゆがんだ形でしか宇宙に届かないのです。

反対に「誰もが振り向くような美女と恋に落ちたい」「年収がいくら以上で、身長は何センチ以上、学歴は○○大学以上」といった限定した条件で宇宙に祈っても、望みがかなう確率は低いでしょう。自分にふさわしいパートナーということ以外には、細かい注文を出さず、自然な展開を待ちましょう。

お金持ちになりたいと強く願い、自宅の郵便ポストに小切手が送られてくるシーンが現実化するよう、宇宙に願っていた人がいました。数日すると、本当に小切手が送られてきたのです。でも、それは彼女が住んでいたアパートの前の住人に当てられたものだったのです。

「パートナーが欲しい」という結果を願うだけにして、条件はつけないようにしましょう。**望むものは、私たちの想像を超えたユニークなシンクロニシティを通してもたらされるのですから。**

私たちはしばしば、人間が世界をコントロールしていると思いがちですが、私たちが何もしなくても、地球は毎日、回っているのです。だから、結果は宇宙に任せておけば大丈夫です。

今という瞬間に心を開いてください。

取り返しのつかない過去の出来事にとらわれていたり、将来のために今を犠牲にするのはやめましょう。**今という瞬間にフォーカスしていれば、あなたの探しているものがシンクロニシティという形でもたらされます。**

もたらされたものは、あなたの期待していた形とは少し違うかもしれません。でも、あなたの期待を大きく上回る成果をもたらすことが多いのです。

シンクロニシティが起こると、魂が喜びます。

心が温かくなり「これをやりたい!」と叫びたくなります。

シンクロニシティをキャッチするには瞑想が役に立ちます。

一五分から二〇分ほどの時間、雑念を取り払い、思考をすっきりさせておくと、マジックテープをストレートに感じるようになります。雑念に満ちていると、シンクロニシティが起こっても気づかず、自分に合っていないものをマジックテープだと誤解したりします。

自分の直感をもっと信頼しましょう。

お茶を飲んでいて、「この人に電話したい」と感じたら、理由がなくても電話すればいいのです。その瞬間、心からそうしたいと望んだなら、それが真実です。

第6章

内なる声に耳を傾ける

大いなる叡智《えいち》とつながる

私たちの人生は偶然の連続のようでいて、実はすべて魂によってデザインされたものです。

私たちの内側にあるものが後押ししてくれています。

インナーボイス（内なる声）に耳を傾けるかどうかで、大きな違いが生じます。

私のワークショップでは、内なる声を聞く練習をします。大いなる叡智とつながる練習といってもいいでしょう。生きているのに幸せでないと感じるのは、内なる声に耳を塞《ふさ》いでいるからです。方法さえわかれば、誰でも内なる声を聞くことができます。

ある家に住んでいると想像してみてください。

その家は狭くて、テレビはつけっぱなしで雑音を流し、四六時中、雑音に満ちています。

電話はかかってくるし、eメールも受信しなくてはいけません。

近所に小さな神殿があります。そこに行きさえすれば、静寂に満ち、平和を見いだすことができます。しかし残念なことに、あなたの家と神殿の間には、茂った草むらがあり、フェンスがあります。神殿にたどりつくまでには、手間がかかるのです。

それでも最終的に神殿にたどりつき、心穏やかになります。いつまでも神殿にいるわけにはいかないので、自宅に戻り、またクレイジーな時間が始まります。耐えられなくなったあなたは再び草むらをかきわけ、神殿を目指します。その繰り返しです。

草むらを少し刈り込んで、道を作ってみてはどうでしょうか。容易に神殿にたどりつけるようになります。できれば毎日気軽に神殿を訪れることができるといいですね。草むらをかきわけて、大変な苦労をしなくても、行きたいと思えばすぐに行けるのですから。毎日、神殿に通っているうちに、草むらは踏み固められ、ますます通いやすくなります。

ここでいう神殿とは、心の中の穏やかな部屋のことです。日常生活は、仕事や恋愛、家族関係、お金など頭を悩ますことだらけです。心の内側に、常に平和な場所があるとしたら、喜びや豊かさはそこから生み出されます。

内なる声は、必ず喜びに満ちている

内なる声は、いつも穏やかです。急いでいないし、焦燥感もありません。
そして、穏やかながら、力強さがあります。
あなたの意欲をかきたて、押さえ込んだりしません。そして安心感を伴います。

ですから、脅しをかけるような声だとか、責めるような声なら、それは真実の声ではないでしょう。内なる声は、あなたを批判しません。これを直せ、あれを直せと指図はしないのです。「これをやらないと悪いことが起こる」とか、「絶対にこれをやるべきだ」とプレッシャーをかけたりしません。本当の内なる声は、ゆとりがあるものなのです。

愛という内なる声に触れるためには、エネルギーの周波数に耳を傾ければいいのです。たとえば、親しい友達から電話がかかってくると、名乗らなくてもその第一声でそれが誰かわかります。その友達の声の周波数を聞いているからです。反対に、嫌いな人、知らない人からの電話は、その声の周波数に萎縮《いしゅく》してしまいます。

内なる声を聞き分けるコツは、そうした周波数の違いに敏感になることです。真のガイダンスとなる声にはエネルギーがこもっています。声の質によって、自分を導いているのか、苦しめているのかがわかるようになるはずです。そして、健全な波長の声に耳を傾けていれば、自然によい計画に導かれるのです。

その声のメッセージを耳にして、わくわくするようなら、本物です。内なる声は必ず喜びに満ちているからです。

「何をやったらいいのか、わからない」という人には、どのような可能性があるのか質問します。「学校に行ってもいい」「親の商売を手伝ってもいい」とか可能性を挙げていくうちに「でも本当は写真をやりたい」と情熱がこめられた声が発せられます。そのことを話す時、とてもいきいきして、エネルギーが宿っています。それが真実の声です。

私がコーチングをしているクライアントの一人はこんな体験をしました。

大学院に進もうとして、車で出かけました。自宅から三〇分の場所です。ところが、到着してみると、手続きをするオフィスを見つけることができず、そのまま自宅に帰って来たというのです。

それは、その大学院にあまり行きたくなかったからではないでしょうか。本人も「たぶんそうだろう」と言っていました。

ちょっとおかしな例ですが、深いメッセージが隠されています。本当にそこに行きたかったのなら、どんな手段を用いても、事務所を探し出したはずでしょう。

情熱を傾けられることをやろうとすれば、小さなことはどうでもよくなって、自然と道ができています。

スムーズに進む時と進まない時

内なる声に従っていれば、何の苦労もなく目的地にたどりつけるかといえば、必ずしもそうでもない場合もあります。時には大きな試練が課せられることもあるでしょう。でも、自分の情熱がとても強ければ、それによって断念するということはないはずです。

スティーブン・スピルバーグの初の監督作品は『ジョーズ』ですが、撮影では非常に多くの困難がありました。嵐が来たり、水の中にカメラが落ちるなど。しかし、彼はすべての困難を乗り越えてあの映画を作りました。

人によっては、トラブルが起きた時にあきらめるかもしれません。しかし、彼は初志を貫き、『ジョーズ』は記録的なヒットとなりました。スピルバーグは映画監督としての名声を確立し、多くのヒット作品を生み出していきました。彼のモチベーションは障害よりも大きかったので、障害は消え去ったわけです。

障害を乗り越えることと、戦うことは違います。戦うのはやめるべきです。

禅の教えにこんなものがあります。

ある村の肉屋の包丁はいつも鋭く、一切、研ぐ必要がない。それは骨を切ろうと頑張らないから。肉の中で固い部分にぶつかったら、そこは取り除く。骨を打ち砕くまで包丁を振り続ける人もいるでしょうけど、そうすると包丁は鈍ってしまいます。

人生には流れがあります。**それは川のようなものです**。
その流れに乗ってさえいれば、**自然に自分の行きたいところにたどり着きます**。
川上に向かっていくら頑張っていても、最終的にはどこにもたどり着けません。

そんな時はあきらめることも必要です。川上に行こうとするのはあきらめることです。川下に向かえばいいのです。

乗り越えるか、あきらめるか

スピルバーグ監督のように、困難を乗り越えるか、あるいは肉屋の包丁のように骨を避けるか。どちらの道を選ぶか、迷うこともあります。

そのまま進んだほうがいい場合と、そこで止まったほうがいい場合と両方あります。

その答えは、あなたの心の内側を見ることで得られます。

あなたのビジョンや情熱、意欲は、あなたの目の前にある試練よりも大きいかどうかを見てください。もしそうであれば、困難によりあなたが止められることはないでしょうし、その困難はやがて消えていくでしょう。

しかし、困難のほうが大きくなり続けるようであれば、やめるべきでしょう。賢い人であれば、これ以上進むべきではないというサインに気づきます。


祈りによっても、答えがもたらされます。

このまま進むべきかそれともやめるべきかがわからなければ、次のような祈りの言葉を唱えてください。


〝大いなるスピリットよ、ここでの私の正しい道が何なのか、示してください。何をすべきか、私にはっきりとわかるようにサインをください〟

すると実際にサインがやってきて、あなたは答えを知るでしょう。

内なる声を聞くテクニック

決断に迷った時、内なる声に従って答えを得るテクニックがあります。

ほとんどの決断は二つの選択肢があります。このまま今の家に住むか、引っ越すか。あるいは、今の恋人と別れるか、付き合い続けるかなど。

日本のセミナーでは、「今から英語を学ぶべきかどうか」と迷っている参加者がいました。自分は英語の勉強を始めるのには、年を取りすぎているのではないかと、ためらっていたのです。

私は彼女の前に立ち、「私のことをコーチだと想像してください」と伝えました。

そして「あなたは英語を学んだらいいと思う」と告げ、私の言葉を受け取った時の感覚をしっかり味わってもらいました。

次に「英語は学ばないほうがいいと思う」と告げました。

彼女の表情を見ているだけで答えは明確でした。「英語を学んだらいい」と告げたとたん、喜びの感情が浮かび、エネルギーが高まっていきました。

これを自分でやってみるのです。自分の内側に二つの選択肢を問いかけた時、どんな感じがするかじっくり観察してみてください。方向性を感知する有効な方法です。

AとBの二つの選択肢の間で迷っているのなら、コインを投げてみましょう。コインの表が出たらA、裏が出たらBと決めておくのです。コインを投げて、出た面に絶対に従うと仮定してください。

表が出ました。Aを選ぶべきです。さあ、あなたは喜びを感じますか？　それともがっかりしましたか？　宇宙の答えがコインを通じてもたらされたと思いましたか？　それとも、こんな重要な選択を、コインを投げて決めるなんて馬鹿げていると思いましたか？

コインの面を見た時のあなたがどう感じたかで、答えがわかるのです。

このテクニックで大切なのは、**頭ではなく心に聞くということです**。

理性で考えて、プラス面とマイナス面を出して計算し始めると、混乱してきます。**理性でなく感覚に入っていくことで、感覚が語りかけてきます。それが内なる声です。**

この方法が有効なのは、内なる叡智を信頼しているからです。

もし、実在のコーチや先生、友人にアドバイスを求めて、心が共鳴しないほうの選択肢を勧められたら、トラブルが起こります。自分にとってしっくりこない選択なのに「あの人があそこまで勧めるのだから」と、無理に行動にうつすと、違和感はますます強くなっていきます。

どんなに優秀なコーチや先生でも、相談者の心の中に入ることはできません。彼らができるのは、相談者の内側の答えを引き出すことです。本当のコーチなら、そうしているはずです。その人を才能豊かな人だと思って信頼すると、才能が発揮されるものなのです。

ミケランジェロのダビデ像をご存知ですか？

「どうやってこんな美しい像を彫れたのですか？」と質問されたミケランジェロは「大き

な石を見ているうちに、ダビデがそこに見えてきた。私がやったのは、ダビデじゃない部分をそぎ落としただけだ」と答えました。

外側から何かを引き寄せる必要はありません。豊かさや愛、才能ではない部分を手放せばいいだけです。外側から自分を満たすよりはずっと簡単です。

内なる声を信じられない人へ

「これこそ内なる声だ」と思っても、まちがってしまうことがあります。それは、本当の声と偽りの声を混同しているからです。

内なる声に特定の周波数があるように、エゴにも周波数があります。

その違いを知りましょう。

親友からの電話と、親友の名前をかたって電話をかけてくる偽者の声を聞き分けるのと同じです。親友と固い絆《きずな》で結ばれていれば、「この人は親友ではない」と即座にわかるはずです。


魂が語りかけてくると、共鳴が起こります。

それは幸せに満ちて、自由で、軽やかな感じです。

エゴの声は重く、プレッシャーを与え、不調和が生じます。

練習によって聞き分けられるようになります。「これは内なる声だろう」と思うなら、声の示す方向に進んでください。その結果、幸せな気持ちになれるなら、正解です。

反対に、実際にやってみるとうまくいかなかった場合は、それは内なる声に似せたエゴの声だったのです。トライ・アンド・エラーを重ねていくうちに、内なる声を聞き分けられるようになります。自転車に乗るのを練習するのと同じです。最初は何回か左や右に転びますが、そのうちバランスが取れるようになります。

魂の伴侶を見つける

魂の伴侶を見つけるためには、内なる声に耳を傾けなくてはいけません。でも、誰もが内なる声と単なる欲望を容易に聞き分けられるわけではありません。内なる声が聞こえるようになるまでの、私の試行錯誤をお話ししましょう。

ある女性と恋に落ちました。一目惚れ《ひとめぼ》れです。特に彼女の外見に惹かれました。でもそれは、精神的に問題が多く、ひどい関係になってしまったのです。出会ったその日から、赤信号が点滅していました。内なる声は「危険だぞ」とシグナルを送っていたのです。でも、私は内なる声を無視して突き進みました。

彼女は自分の人生にまったく責任を持たないタイプでした。住所不定で知り合いの家を渡り歩き、食べ物の入った袋を持ち歩いていました。外見はとても素敵でした。会話の受け答えも軽妙で、一緒にいると楽しいのです。

でも、まったく安定していません。社会的常識で考えて「これはOK、これはだめ」という境界線がないのです。たとえば、レストランでも、紙袋の中からスーパーで買った食べ物を出して食べ始めるのです。当然、レストランからは追い出されます。ある意味、純粋とも言えますが、病んでいるとも言えます。そのうち、過去のボーイフレンドの愚痴をこぼし、「殺してやる」と口走るようになりました。

私たちの関係はどんどんおかしくなる一方でした。もちろん、楽しいこともありました。二人で笑いあったこともたくさんあります。でも、半年が限界でした。どうしても終わらざるをえないレベルまで陥って、強制終了です。そうなるまでに内なる声は、やめるようにずっとサインを送っていたのに、私は意識的に無視していたのです。内なる声に従っていれば、半年間を無駄にすることはなかったでしょう。

しかし、まったく無駄な体験だったというわけではありません。

今のパートナーと結ばれたのも、この体験があったからです。不安定で消耗する関係に苦しんだからこそ、現在の安定した関係に感謝できます。

彼女と出会った瞬間、すぐに青信号が点滅したわけではありません。最初は友達となり、そのうち内なる声が「この人となら、うまくいく」と伝えてくれたのです。本質的な部分でつながる関係は、ファンタジーやロマンスといったふわふわしたものではなく、起こるべくして静かに起こるものなのかもしれません。


恋愛にロマンチックなドラマを求める人は、いくらデートを重ねても、なかなか満足しないでしょう。まるでデート地獄のような状態に陥ります。恋愛映画や小説に描かれているような運命の人を見つけるのは、簡単なことではありません。

夢のような出会いを渇望するよりも、目の前にいる現実の人と深くコミットしてみてはどうでしょうか。
私の場合も、決して花火が打ち上げられたわけではありません。時間をかけて友情をはぐくみ、それが恋愛関係へと発展していったのです。
それに、外でデートするだけでなく、一緒に暮らすとなったら、完璧《かんぺき》なパートナーは幻想にしかすぎません。下着をだらしなく脱ぎ散らかすし、くだらないテレビ番組に夢中になり、相手の親や兄弟にあまり愉快でない人がいるかもしれません。

そんな欠点がいろいろあっても、真のパートナーシップをはぐくむことは可能です。自分のパートナーがすべて完璧でなくても、自分にとってかけがえのない人だと思おうと決めればいいのです。パートナーの欠点ではなく、善良な部分、愛すべき部分に意識を集中しましょう。あなたがそう思考することで、二人の絆はさらに強いものになります。

理想的なパートナーシップとは、両者ともに内なる声に忠実である関係です。内なる声を封印して、相手に合わせるのは、不自然な関係です。

もし、それぞれの内なる声が別々の方向を示すなら、二人の関係にしがみつくのは、お互い消耗して傷つけあうだけです。

失敗することを恐れる必要はありません。日本では離婚を「バツ１」「バツ２」と表現するそうですが、離婚は決して失敗ではありません。アメリカ人には何度も結婚を繰り返している人もいます。女性にとって一度目の結婚相手を〝プラクティス・ハズバンド（練習用の夫）〟と呼ぶこともあります。最初はウォーミングアップで、次の結婚は本番だという考え方です。

真のパートナーを見つけるための道のりであるならば、決して無駄なプロセスではないのです。たとえ別れることになっても、そこから学ぶことができ、楽しい時間を共有できたなら、その結婚には意味があったのです。

ですから、パートナーを求めることをあきらめてはいけません。パートナー探しを通じて、あなたは自分をもっとよく知ることができるでしょう。自分を幸せにする人を探すということは、どうすれば自分を幸せにできるかを知ることです。また、誰かを愛することは、自分を愛することに通じるのです。

ただし、間違えてはいけません。自分が完全でないから、パートナーを得ることによって欠落した部分が埋まるだろうという思い込みは誤りです。誰かと一緒にいることで、あなたが完全になれるのなら、自分はいつも中途半端な存在でしかありません。お互いに完全である人間が出会って恋に落ち、結ばれるのです。

ありのままの気持ちを相手に伝える

正直になることも、真のパートナーを見つけるためには大切です。
日本の人々は、本当のことを口にするのを恥ずかしいと感じる傾向があるのではないのでしょうか。自分が何を欲しがっているのかをなかなか言わない人が多いような印象を持っています。

個人セッションで受けた相談ですが、子供のころの不幸な体験から男性不信に陥った女性がいました。パートナーを手に入れたいと切望しているけれど、いざ男性とデートして、セックスを求められると、ためらってしまう。決してセックスがいやなわけではないのですが、もっとよく知り合ってから関係を深めたいと願っているのです。

「そういう気持ちを男性に伝えていますか?」と私は質問しました。

彼女は「そんなこと言えるわけがありません」と首を振ります。

でも、彼女が伝えないかぎり、男性との関係はうまくいかないでしょう。デートする男性がサイキックでないかぎり、彼女の真意は読み取れないからです。

好意を抱いた男性がいるなら、「あなたのことはとても気に入っているけれど、私はゆっくりと関係を深めていきたい」と伝える練習をするのです。言えるかどうかより、言う必要があるのです。「時間がほしい」と頼んで、それで逃げてしまう男性なら、あなたにぴったりの男性ではなかったのです。本当の気持ちを伝えることが、真のパートナーを見つけるためのフィルターにもなるのです。

相手に気に入られようとして、自分を偽っても、そうした関係は長続きしません。ありのままの自分でいれば、気分が軽くなります。正直な会話を交わせば、それが二人をつなげる糊となるのです。

真剣にパートナーを求めているのに、なぜか既婚者の男性ばかりに誘われるという女性がいました。男性は既婚であることを隠してアプローチしてくるというのです。

まず、そうしたパターンに気づいたことが大きな進歩です。そして、そのパターンを変えようという意欲を持てば、実際に変えられるところまで、あと一息です。

既婚者、すなわち自分には手に入れられない男性ばかり近寄ってくるのは、自分の中にも「私は男性を手に入れることができないのではないか」という恐れがあるのです。意識していなくても、それがマジックテープとなって既婚者を引き寄せているという可能性があります。

生涯をともにしようという男性と出会う準備が、あなたの中で整っていないのかもしれません。自分だけを見てくれる男性との付き合いに恐れを抱いているのです。

そんな恐れが既婚者の男性とマッチしているから引き寄せているのです。

簡単な解決策としては、デートに誘われた相手に、最初から正直になることです。

「あなたはとてもいい人に見えます。もっとあなたのことを知りたいと思っています。そして、私はすでに結婚していたり、恋人のいる人とお付き合いする気はありません」と率直に伝えればいいのです。

すべての人間関係には理由がある

人生には、ほんの一瞬交差するだけの人間関係もあれば、一定期間、付き合ったり、あるいは生涯にわたって続くパートナーシップもあります。

一瞬だけの出会いで、その後、二度と顔を合わせることはなくても、その出会いには意味があります。人間関係だけではありません。ふと開いた雑誌に、あなたの探していた情報が載っていたら、そこにも理由があります。

よく知らない人に、外でいやなことを言われて、自宅で思い出してますますいやな気分になる。なぜその一言がそれほどいやなのか、自分を知る手助けになります。

一回限りのデートで終わり、恋愛関係に発展しなかったからといって、無駄ではありません。自分が恋愛に求めているものが、より具体的になるのですから。

五年や一〇年など、一定期間の付き合いは人生の季節のようなものです。一〇年間ある仕事をして、転職をする。それも季節の巡りと同じです。

ある季節が終わったからといって、失敗ではありません。

「なぜ結婚が失敗に終わったのか」と自分を責める必要はありません。正しい表現は「私の結婚生活は失敗ではない。ただ終わっただけ」です。

引越しと同じです。一〇年間同じ場所に住んでいて、引っ越したとします。前の住まいから引っ越したのは失敗したからですか？　そうではないでしょう。

一つの季節が終われば、必ず新しい季節がやってきます。

アメリカでは、再婚者同士の結婚がよくあります。私が出席した結婚式では、新郎と新婦はそれぞれ二回離婚して、三度目の結婚でした。二人は、元の配偶者の名前を呼び、感謝を捧げていました。「私の成長に貢献してくれた、配偶者のおかげで、三度目の幸せな結婚ができた」と。とてもアメリカ的ですが、知恵にあふれた行為だと感心しました。

内なる声とまわりの意見が違ったら?

直感と常識の間で迷っている人も多いでしょう。「直感では、この道がいいと思うけれど、社会的に考えてみて、どうだろうか」と。

他の人がどう思うかは関係ありません。社会的な評価より、魂の問題です。親や上司の言う通りに生きている人は、内なる声を聞いていないのです。世間の常識に従って不幸になっている人はたくさんいます。

誰もがそれぞれ自分の内なる声を聞いています。あなたの内なる声は、あなただけのオリジナルなものです。もし、人から「この声のほうが正しい」と押し付けられても、従ってはいけません。それは、あなたの力を明け渡すことであり、**人の声ばかりを聞いていると、自分の内なる声が聞こえなくなります**。

占い師や霊能者が「これがあなたの内なる声だ」とお節介に教えてくれようとしても、あなたほどあなた自身を知っている人は他にいないのです。あなたをよく知らない人が勝手に投影したイメージに惑わされてはいけません。

もちろん、これらは、自分の殻に閉じこもって人と仲良くするなという意味ではありません。自分を犠牲にしてまで人に合わせる必要はないということです。もちろん、あなたも自分の内なる声がどんなにすばらしいからといって人に無理やり聞かせるべきではありません。もし、内なる声が聞こえなくなって迷っている人がいたら、思い出す手伝いをしてあげましょう。

日本もアメリカも、社会的に成功することに大きな価値が置かれています。競争を勝ち抜いて一流企業で出世コースに乗ったり、難関の資格を得て、高額な収入を得る人生が「勝ち組」としてもてはやされます。

でも「これをやったら、高く評価されるだろう」という動機から、自分が本当にやりたいこととは別の道を選ぶのは、富や名声が手に入ったとしても、虚しい人生です。それよりも、ただ自分が大好きなことに熱中していると、宇宙からのサポートを得られます。

普通の人は「成功すれば、幸せになれる」と考えますが、順番が逆です。正しくは、「幸せになれば成功できる」です。

「これがやりたい」と心の底から願い、全身全霊を打ち込めるような仕事に就けば、やがて周囲から評価され、成功がもたらされるのです。

達成するプロセスにこそ意味がある

直感を信じて進もうとしても「やっぱり私には無理かも」と不安に思うこともあるでしょう。

私のセミナーでは、参加者全員が、自分のビジョンを発表します。その時は高揚した気分で、不可能はないと思っていても、翌朝、自宅で目覚めると、元に戻って平凡な日々が始まるように感じるかもしれません。

たしかにビジョンが大きければ大きいほど、不安も出てくるでしょう。日曜のセミナーで「大企業のＣＥＯになる」と宣言して、月曜の朝に実現するとは考えられません。

でも、「自分には無理だ」と考えるのではなく、「そうしたビジョンを持つことができる自分」にフォーカスするのです。そこにたどり着くための一歩一歩のプロセスこそが重要なのです。

ビジョンがなくては、人は生きていないも同然です。毎日をわくわくして、前進していくためには、ビジョンが必要です。実現まで時間がかかったり、困難が伴うことであっても、そこに向かっていくステップが結果と同じぐらい大切です。

たとえば「ＣＥＯになる」というビジョンを持っているとします。実際にＣＥＯになるまで毎日が不幸なのでしょうか？　そうではありません。そこにたどり着こうと努力する毎日は充実しているはずです。そのプロセスを楽しんでください。

幸せを手にするために、苦しむ必要があるというのは、誤った神話です。正しい方向に進んでいるのなら、目標に到達するまでの道のりも楽しむことができます。

すべての行動は、種のようなものです。オレンジの種はオレンジの木に成長し、リンゴの種はリンゴの木になります。種と木の根本は同じあり、それが宇宙のデザインです。苦しみの種を蒔《ま》けば、苦しみの木しか育ちません。喜びの種からは、喜びの芽が出て、育っていく段階のすべてが喜びとなるのです。

苦しみについて考えてみましょう。

苦しみは、「自分が受け入れる」と決めた分だけ、入ってきます。

もちろん、「私は苦しみが欲しい」なんて願っている人はいませんが、意識は氷山の一角にすぎません。九〇%を占める無意識の領域で「私は苦しんで当然だ」と定義していたら、実際に苦しむことになるのです。

「パートナーが欲しい」と願っているのに、実際にパートナー候補が目の前に現れても手放してしまうのも、潜在意識が「私にはパートナーは現れない」となっているからです。

潜在意識を変えて、内なる声とつながりましょう。

筋肉を鍛えるように、直感を鍛えるのです。練習すると、直感がどんどん入ってきます。瞑想《めいそう》やヨガ、音楽も効果的ですし、眠っている時は潜在意識も広がっています。夢には理由があります。潜在意識の中で注意を引きたいものがあれば、メッセージを送るために夢となるのです。

自然の中でリラックスすると、直感がいいアイデアをどんどん送り込んできます。どこにいてもアイデアは浮かぶものですが、自然の中のほうがキャッチしやすいのです。

病気からのメッセージ

病気はギフトだとも言えます。あらゆる病気は、ウェイクアップ・コールのようなもの。あなたの注意を引こうとして起きているのです。

自分に優しくしていない時に、しばしば人は病気になります。心配ばかりしたり、戦いに明け暮れていたり。あなたが本来の道からはずれていることを、肉体が知らせようとしているのです。

高速道路の脇に、車を停めるスペースがありますよね。夜の運転で居眠りし始めて道をはずれかけたら、そこに停めて少し休み、また道路に戻ります。病気とはそんなものです。医療によって病気を覆い隠してしまうと、メッセージが伝わりません。オーバーワークが続き、人生がぐちゃぐちゃになっている時に頭痛がする。アスピリンで頭痛を抑えれば、その瞬間はよくなりますが、再びハードに働き出しては、軌道修正できません。

アメリカの地下鉄に関するこんな小話があります。

ブレーキの欠陥を示す赤ランプが点滅しています。とても危険な事態です。しかしそれを見た車掌は、ランプ自体をはずしてしまったのです。ランプの点滅さえなければ、すべては大丈夫だと。

理由があってランプが点滅しているのです。車掌がやるべきことは、ランプをはずすことではなく、点滅している原因の解決です。

適切な医療を受けることと並行して、自己治癒力も活用しましょう。

医者や薬が一方的にあなたの体を治療しているように見えますが、あなたの「治りたい」という意図を医学の力によって実現しているだけです。

苦しみを喜びに変える

自分が受け入れると決めた分だけ、苦しみが生じます。

その苦しみにノーと言う権利をあなたは持っているのです。

ノーと言う力は、練習によって身に付けることができます。


あるアメリカ女性の話をしましょう。

彼女の夫は、アルコール依存症でした。酔いつぶれて自宅に戻り、ドアをけたたましく叩きます。家の中に入れると、妻としての義務だからとセックスを強要されていました。

彼女はいやでたまらないのだけど、脅されて従うというパターンができあがっていたのです。

しかし、ある日、彼女は「この苦しみにノーと言おう」と決意しました。「警察を呼ぶから」と夫に告げて、その場を立ち去りました。そして、警察で事情を話し、面会拒絶権を得たのです。彼女の意思に反して夫が近寄ると犯罪になります。

その日から、現実が変わりました。夫はアルコールを飲むのをやめました。結婚生活は解消しましたが、協力して子供を育てています。

すべては彼女が「もうこれで終わりにする」と決意したから変わったのです。苦しみが自然に終わったわけではありません。

経済的な理由から四つの仕事をかけもちしているという人がいました。やりがいを感じるのは一つだけで、後の三つは生活のためのものです。自分のやりたい仕事だけに専念したいけれど、それだけでは経済が成り立たないという状況です。

私のアドバイスは、現状ではすべての仕事をそのまま続けるというものでした。三つの仕事を辞めてしまうと、恐れが大きくなるからです。

そして、やりがいのある一つの仕事に、愛やエネルギーを注ぐこと。どうしたらその仕事のレベルを上げられるかを考え、その仕事でしっかりと稼げるようになる状況を思い描くのです。

意識を向けるものは、自然に増大していきます。そのうち、好きな仕事だけで、生活できるようになるでしょう。今は他の仕事も続けながら、意識は楽しいことだけに向ける。そう考えるだけで気分が良くなっていくでしょう。

しかし現実には、嫌いなこと、やりたくないことに意識を向けている人が多いのです。頭の中で「いやだ、やりたくない。どうして私がこんなことをしなくてはいけないのか」と考え、意識と現実を戦わせることです。戦いが始まると、苦しみはますます大きくなっていきます。

最悪なことは、何かをやる・やらないではなく、自分の内側で戦いを続けることです。

自分はセックスをしたくないのに、相手が望んでいるから、しぶしぶ従う。そして罪悪感や自己嫌悪、相手への憎しみを抱いてしまう。この場合、選択肢は二つしかありません。心をこめてやるか、一切やらないかの二つです。

第1章で触れた、リフレームのテクニックは、苦しみを喜びに変えるためにも役に立ちます。ひどいと思える状況を、リフレームすることで、変えていくことができるのです。マイナスをプラスに転じるテクニックです。

苦しみだけに意識を集中していると、喜びが目の前を通り過ぎても気がつきません。新聞やテレビで、景気後退を伝える経済ニュースを見るたびに、「お金が不足している」という意識にとらわれてしまいます。そして、豊かさにつながるアイデアを見逃してしまうのです。

同じ世界に生きているのに、意識を向けるものが違うと、世界はまったく違って見えてきます。

フォーカスするものを変えましょう。

制限から可能性に。

恐れから愛に。

そして、**過去から未来へ。**

偉大な人は、そうしたリフレームの作業を無意識のうちに行っているのです。

私のワークショップでは、受講者全員に次のような宣言をしてもらいます。

私はもう「　　　　　」には意識を向けません。

私はもっと「　　　　　」に意識を向けます。

過去の失敗に意識を向けていると、同じ失敗を繰り返してしまいがちです。

たとえば恋愛で、最初のデートで失敗したり、恋人や配偶者からひどい目にあわされたという話。そんな苦しい過去にばかりフォーカスしていると、新しい恋人や配偶者との関係もうまくいきません。

過去よりも、未来にどうなりたいかに意識を向けてください。

それも、自分がこうなりたいと心から願う輝かしい未来に。

フォーカスを当てれば当てるほど、そのイメージは増幅していきます。

体の声に耳を傾ければ、食生活も変わる

自分に対して真のケアを行っていれば、自然に、そして徐々に、健康的な食事に引かれていきます。精神的、そして感情的にも良好な状態にあれば、あなたの身体は、どの食べ物があなたにとって良い、それは良くないということを教えてくれるでしょう。

体に良くないものを食べてしまうのではないかと心配したり、過度に神経質になる必要はありません。体が喜ぶ食べ物は自然にわかってきます。反対に、中毒的になって食べれば食べるほど、もっと欲しくなる食べ物があることにも気づくでしょう。

食べると気分が良くなると感じられる食べ物を選ぶ努力を続けていくと、自然に食生活が変わっていきます。もしジャンクフードが食べたくなったら、抵抗しないでください。もし食べるのであれば、楽しんで味わいましょう。そして食べた後にあなたの体がどのよ

うに反応するかに注目してください。健康的な食べ物を摂った時との感覚の違いに気づけば、ジャンクフードはそれほど食べたくなくなるでしょう。

肥満は、感情面の欠乏によるものです。精神的な欠落を埋めようとして、食べすぎてしまうのです。カロリー計算をしたり、特定の食物をカットする特殊なダイエット法を試すのは、本質的な解決になりません。

あるがままの自分を否定したまま、食生活だけを変えて減量に成功しても、ダイエットをやめてしまえば体重はすぐに元に戻ります。ひどい場合は、リバウンドしてダイエットを始める前よりも太ってしまうのは、感情的な問題を解決していないからです。

本当に体重を落としたいのなら、自分を肯定することです。

そうすれば、空虚感や恐怖を埋めるために食物に走らずにすみ、必要なだけのカロリーを摂取して満足できるはずです。

日常生活から変えていく

私が皆さんに伝えたいことは、心を開き、魂に触れる道。**ありのままの自分を受け入れて、自分を責めないでください**。

すぐに実現しないとしても、望む心は大きなパワーを持ちます。ビジョンを心に落とし込むプロセスは、とても大きな気づきをもたらします。

日常生活の中でできることもたくさんあります。

一日のうち二〇分か三〇分、少しの時間でいいですから、自分自身と本当につながっていられる時間を持つようにしてください。

公園を散歩するのもいいし、子供と遊ぶことでもいいでしょう。瞑想、祈り、音楽、アート、なんでもかまいません。**ただただ自分がリラックスして流れに乗る感覚を味わって**

ください。そうした時間を作ってほしいのです。

二〇分だけでもそうした時間を過ごすことで、一日が大きく変わってきます。

今日は一日頑張ったから、夜はマッサージを受けたり、映画を見に行こうというのもいいでしょう。もしくは昼寝もいいですね。せかせか急がされている思考から抜け出して流れに戻るのです。それによって一日がものすごく違ったものになります。

毎日の生活を充実させるヒント

私の場合、一日のスケジュールはきっちり決めておかず、通常は流れに任せていますが、毎朝、瞑想の時間から一日をスタートするようにしています。

二〇分か、時にはそれ以上です。瞑想するためには、まずリラックスします。目を閉じて、ゆっくりと深い呼吸を繰り返しながら、足元から頭の先まで順番に体をリラックスさせていきます。

瞑想中には、心を高める言葉で宇宙の意図を確認します。

「すべての物事は好転している」

「私は大いなる宇宙の一部である」

「私は愛と豊かさで満ちている」

あなたの好きな自然のシーンをイメージしてみるのもいい方法です。最も幸せを感じられる状況に自分を置いてみるのです。太陽の輝き、新鮮な樹木の匂い、さわやかな風の気配など。その中で宇宙との対話を始めるのです。


瞑想を終えて、実務的な仕事に取りかかる前に、数時間クリエイティブな執筆作業を行います。毎日自然の中にも出かけていきます。これらがだいたいいつもやることですね。日中は散歩したり、瞑想したり、うたた寝をしたりと、何かリフレッシュできるようなことを行います。マッサージを受けることもあります。それ以外は必要に応じてやっていきます。

幸いなことに私は美しいハワイの地に暮らしていますから、自宅の周囲を散歩するだけで、自然からの恵みを感じることができます。水泳や庭仕事、ヨガも楽しみます。一日に一、二時間は体を動かすようにしていますが、これは義務ではなく、純粋に楽しいからです。

ほとんどの人は、一日三〇分ほどのエクササイズを行うだけで、うまくいくのではないでしょうか。散歩や水泳はとても気持ちがいいものですし、ヨガは短時間の実践でも、多くの効果が得られます。

特にほとんど一日机に座っているのであれば、エクササイズは大切です。しかしそれをいやいややるのではなく、楽しんでやりましょう。ほんの少し体を動かすだけで、とても気分が良くなって、さらに動かしたいという気持ちになるはずです。

自然の中に行きましょう。大都会に住んでいても、公園に行けば自然に触れることができます。そうすると頭がすっきりとして、仕事に戻ると、新しいアイデアが湧いたり、エネルギーが増していることでしょう。

そうした時間を過ごせば、自分とつながることができます。神とか宇宙とか、さまざまな表現がありますが、自分を幸せにしてくれる存在です。リラックスして、エネルギーが再び流れ出し、大きな視点から人生をながめることができます。

車を運転する時は、楽しい音楽や、インスピレーションを受けたり意欲をアップするCDを聴くようにしています。

交通渋滞に巻き込まれたり、マナーの悪いドライバーに遭遇することもあります。これは運転している時だけでなく、スーパーマーケットや銀行など、日常生活でイライラさせられることはよくあります。

そんな事態に直面したら、「こんな状態でも心穏やかに過ごす練習だ」と思うことにしています。そして、他のドライバーや割り込みする客、愛想の悪い店員に愛を送ります。他の人が不機嫌でマナー違反をしていたとしても、あなたまで同調することはないのです。

一日を終えると、安らかな眠りが待っています。

私の場合、通常は午後一〇時か一一時に寝て、朝五時か六時には起きます。でもそれは人によって違うと思います。睡眠時間が少なくてすむ人もいれば、さらに多く必要な人もいるでしょう。一人ひとりが、身体のリズムやニーズに意識を向けることが必要です。

私がアドバイスしたいのは、就寝前の過ごし方です。寝る前には、ニュースやホラー映画、暴力的な映画を見たり、もしくはそのような内容の本を読まないことです。気の滅入るような映像や文章に触れたまま眠りに落ちると、夢の中にネガティブなエネルギーを取りこみ、上質な睡眠が取れません。楽しい音楽を聴いたり、気持ちを高めたり、楽しくなるような本を読んだり、ビデオを見ましょう。

もちろん、眠る前の瞑想も効果的です。その日にネガティブなことがあったとしても、瞑想によって平安を取り戻せます。

穏やかな心で眠りにつけば、睡眠はスピリチュアルな再生となります。翌朝、目覚めた時には、あなたの意識はクリアになり、リフレッシュした気分で一日を始めることができます。

終章　この本をあなたが手にするまでのシンクロニシティ

シンクロニシティの連鎖

日本に来るたび、故郷に帰ったような気になります。私は都会があまり好きではないので、東京での滞在は落ち着かないはずなのですが、なぜか心からリラックスできます。もともと禅に興味があり、アメリカで畳や障子のある和室を創ったこともあります。日本のお寺は永遠のあこがれです。

日本食で一番好きなのは、味噌汁です。口にするたび、地に足が着く感覚を味わえます。日本ではコンビニでインスタントの味噌汁を販売しているのを発見し、大喜びしました。アメリカでは日本食レストランに行かないと味わえないのです。

そして、日本の人々と過ごすことも、大きな喜びです。知的な刺激があり、調和を重んじる日本の文化からはいつも学ばされます。私の魂の一部は日本人で、過去生で日本人だったのかもしれません。もしかすると仏教の僧侶ではなかったのかと推測しています。これはあくまでも私の直感ですが。

私が日本の皆さんに向けてこの本を出版し、あなたがこの本を手にしているのは、シンクロニシティの連鎖ともいうべき、奇跡に満ちたプロセスの結果です。

私の著書の一つ、『いつだって犬が幸せな理由』という本を、アメリカ在住の日本女性が目にしました。日本では出版されていない本なので、ボランティアで翻訳して、日本の出版社に持ち込んだのです。

そのタイミングが絶妙でした。出版社では、セルフヘルプ関連の本を出そうと計画していたところだったのです。もし半年前だったら答えはノーでした。

その本をケイコ（穴口恵子）さんが見つけて、私のウエブサイトにアクセスしました。ケイコさんは私を日本に招いて講演会を開こうと計画しました。ケイコさんがハワイの私に連絡をくれたのは、私がバリ旅行に行く直前でした。

バリには直行便でなく、成田で乗り換えます。そこでケイコさんが成田にやってきて、一緒に夕食を食べることになりました。私たちはすぐにお互いが気に入り、とんとん拍子で話がまとまっていきました。

マジックテープのように波長が合い、連鎖的にシンクロニシティが起こりました。あなたが今、この本を読んでいるのもその延長線上にあります。

さまざまなシンクロニシティが連なり、日本の皆様に向けてこの本を出版でき、今、こうしてあなたがこの本を手にとってくださっていることを、たいへんうれしく思っています。すべては宇宙の意図の下に起こったのです。

アラン・コーエンジャパン情報

●アランのほっと一息☆365日
無料メルマガ登録
（アランからのいいメッセージが毎朝一言届きます）

●アラン・コーエンの来日一般向けイベント情報
（来日時のイブニング講演会や２日間セミナーなど）

●アラン・コーエン　オンラインセミナー
自宅で１日５～10分学習し、アランの知恵を体に落とし込むことのできるコースです。
内容例：最高の人間関係を築く、リラックスして豊かになる、最高の時間の使い方、祈りを叶えるマスターになる、など。

●アラン・コーエン　少人数制の長期スクール
１.メンターシッププログラム（半年間）
お金、人間関係、パートナーシップや時間など人生のすべての分野でバランスよく『リラックスして豊かになる』マスターとなることを目指すクラスです。アランが半年間あなたのパーソナルメンターになります。個人セッションや宿泊型リトリート、オンラインセミナーやテレセミナーが含まれています。

２.ライフコーチプログラム（８ヶ月間）
あなたの存在感の力を高める方法、積極的に傾聴する、相手の中から最高の答えを引き出す方法などコーチングのスキルと、あなたがあなた自身や周囲を導くライフコーチとなることを目指すクラスです。通いトレーニングや個人セッション、オンラインセミナーやテレセミナーが含まれています。最終試験に合格されると、認定資格が与えられるコースです。

詳細は、アラン・コーエンジャパン公式サイトから
http://www.alancohen-japan.com

アラン・コーエン（Alan Cohen）

アメリカ生まれ。現在ハワイ在住。

世界25カ国で著書が発売されているベストセラー作家。

日本では特に『人生の答えはいつも私の中にある』『「願う」力で人生は変えられる』が代表書。

ニューヨークタイムズの『心のチキンスープ』の共著者でもあり、リラックスして飾らない人柄と深い優しさやまなざしに溢れた知恵やユーモアで、作家の本田健さんや佳川奈未さんを始め、著名人にも高い人気があり、本国ではニール・ドナルド・ウォルシュやジェームス・レッドフィールド、ラム・ダスらとも親交がある。

日本にも毎年来日し、参加者の心をオープンハートにし、スピリチュアルな成長・開花を促すリーダーとして知られている。

魂の声に気づいたら、もう人生に迷わない

第1刷　2010年4月30日

著　者　アラン・コーエン
発行者　岩渕　徹
発行所　株式会社徳間書店
〒105-8055　東京都港区芝大門2-2-1
電　話　編集(03)5403-4344／販売(048)451-5960
編集担当　豊島裕三子
振　替　00140-0-44392
本文印刷　(株)廣済堂
カバー印刷　真生印刷(株)
製本所　ナショナル製本協同組合

乱丁・落丁はお取り替えいたします。

ISBN978-4-19-862937-3